儿童行为心理学

懂孩子才是真的爱孩子

刘莹莹 著
liu yingying

天津出版传媒集团
天津人民出版社

图书在版编目（CIP）数据

儿童行为心理学：懂孩子才是真的爱孩子 / 刘莹莹著. -- 天津：天津人民出版社, 2023.8

ISBN 978-7-201-19418-9

Ⅰ. ①儿… Ⅱ. ①刘… Ⅲ. ①儿童心理学—通俗读物 Ⅳ. ①B844.1-49

中国国家版本馆CIP数据核字（2023）第081429号

儿童行为心理学：懂孩子才是真的爱孩子

ERTONG XINGWEI XINLIXUE：DONGHAIZI CAISHI ZHENDE AI HAIZI

出　　版　天津人民出版社
出 版 人　刘　庆
地　　址　天津市和平区西康路35号康岳大厦
邮政编码　300051
邮购电话　（022）23332469
电子信箱　reader@tjrmcbs.com

责任编辑　郭晓雪
特约编辑　石胜利
装帧设计　仙　境
责任校对　余艳艳

制版印刷　三河市新科印务有限公司
经　　销　新华书店
开　　本　710毫米×1000毫米　1/16
印　　张　15
字　　数　165千字
版次印次　2023年8月第1版　2023年8月第1次印刷
定　　价　52.80元

前言

想了很久，我终于鼓起勇气写下了这本书。我写这本书只是想单纯地与大家分享一下我的家教心得，至于对还是错，这些都无关紧要，只是想给大家一个参考和借鉴。

这本书没有太多的条条框框，更没有大道理，只有简单的故事，然后再通过故事结合心理学来阐述“教育孩子”的关键点，最后给出解决问题的方法。

在写这本书的时候，有个同事问我：“你能够确保这本书的教育理念是正确的吗?”

我的回答是：“不确保，我只能够确保这些方法和理念，用来教育我的孩子是正确的。起码我的孩子现在已经上初中了，他的种种表现都是健康的。”

我的教育理念是，即使无法让孩子十分优秀，但是一定要让孩子得到健康成长。

我在这本书里，花了很多篇幅，只是想告诉读者，我们怎样才能让孩子健康的成长。

很多家长认为，让孩子健康成长这很容易，为何还要花大量的时间来研究这些呢？其实，要想让孩子健康成长，并不是很容易的一件事。每个孩子或多或少都会“不太健康”，只是有的很明显，有的不明显。当然我们无法培养出百分百完美的孩子，但是起码能让孩子尽量靠近完美。这也是我写这本书的初衷。

如果你已经看了大量的育儿书籍，也许会认为我的教育理念不够科学，只是凭借经验泛泛而谈。但是只要你能够从中获得一些有益的启示，我想这就够了。所有的教育理论我都不想进行很深入的探讨，那属于搞教育心理学研究的人的事。我只想给你分享我的经验和心得。孩子的每个行动，每一句话都有着家长的影子。因此，作为家长，你要注意孩子的每个行动，每句话，每个细节，每个需求，并有针对性地进行教育和引导。只有这样，你才能确保孩子的健康成长。

目录

一、孩子饮食习惯不好，内心纠结的不是食物

二、生活里的“小癖好”，孩子在表达自我需求

五、社交能力差，孩子成长是一个过程

六、自我中心主义，为我之后才可以更好地为他人

七、对外界的应激行为，这是一种自我保护

八、这些不良性格，是家长给了他“理所当然”的想法

一、孩子饮食习惯不好，内心纠结的不是食物

孩子吃饭时，常常会有很多令人崩溃的举动：挑食、偏食、厌食，用小手抓饭，把饭含在嘴里，你一离开，他就不好好吃饭……不少妈妈因为不懂如何处理这种情况而感到特别无力。其实，那是因为父母不了解孩子这些行为背后的潜在心理。就拿孩子挑食来说，有时并非因为食物，而是吃饭过程带给他不好的体验，导致孩子对吃饭这件事特别抗拒。类似的事情很多，一旦找到其中的钥匙，你就可以打开孩子心灵的密码，找到引导、教育他的正确办法。

家长要正确解读孩子行为背后的潜在心理，然后针对这些行为，用更有效的方法去引导孩子。

1. 孩子挑食——并非食物不好吃，而是抗拒心理在作怪

有一天宝妈群的一位妈妈告诉我，她的孩子特别挑食。每次喂饭，他都很抗拒。饭桌上五六个菜，没有哪个能够入他的眼。她从没见过挑食这么严重的孩子，问我要不要带孩子去看医生。

我在养育妞妞的时候，也遇到过这样的情况：到饭点不吃饭，强行喂她，她索性吐出来。

那时候，我也很苦恼。后来我翻阅了大量书籍，发现：孩子挑食，有时候并非食物不好吃，而是抗拒心理的表现。

直白地说就是，孩子讨厌的不是饭菜，而是吃饭过程。父母强行喂饭带给他一些不好的体验。父母没有及时地意识到自己的问题，却以为孩子不听话，采取更加具有强迫性的措施，逼迫孩子吃饭，给孩子留下深深的心理阴影，导致孩子对吃饭这件事特别抗拒。

如果孩子特别挑食，你首先要做的，是看看自己是否有以下行为：

（1）在孩子玩得很开心的时候突然打断他

孩子玩耍时，往往很专注。如果你不顾孩子的感受，强行喂食，他就会表现得很反感。孩子小，还没有学会如何表达自己的想法。他只能把这种反表现在行为上。他认为，吃饭打断了他的游戏，所以拒绝吃饭。如果父母没有意识到自己的做法所产生的危害，久而久之，孩子就会对某种食物，甚至对吃饭产生抵触心理。

（2）用强制方式逼迫孩子吃饭

对父母来说，孩子按时吃饭、饭量好，特别重要。这意味着孩子的身体会长得好。一旦孩子不听话，或者没有按要求定点吃饭，父母就会大发雷霆，甚至会用命令、威胁等手段压制孩子。

没有人喜欢在别人的压制下做事，孩子也不例外。因为力量悬殊，孩子只能通过挑食、绝食来抒发不满。

父母千万不要因为孩子的身体而忽略他内心的感受。孩子的健康成长，既包括身体，也包括心理。如果因为某种执念，把孩子一步步引入错误的深渊，那么孩子挑食，不仅关乎身体，还会演变成一种心理疾病。

孩子挑食，不仅是讨厌某种食物那么简单。很多时候，是因为这种食物与某种不愉快的经历联系起来，导致他对眼前的食物产生厌恶。

当孩子挑食时，父母要通过观察，了解孩子是讨厌食物本身，还是讨厌与食物有关的某种行为。只有从根本上了解孩子内心的想法，我们才可以更好地引导他，照顾他。

育儿经

如果孩子出现挑食现象，父母可以采取以下几种办法：

（1）拒绝溺爱，把孩子当小皇帝宠

很多孩子挑食，是父母纵容导致的。孩子说不吃这个，他们立马拿出另一个。孩子说这个不好吃，他们立马把食物扔掉。孩子还小，喜欢或讨厌，有时候仅仅是他有口无心的一句话，而家长的助攻让他把这种行为强

化。孩子原本只是随口一说，后来变成真的讨厌了。

在对待孩子这件事情上，父母一定要杜绝溺爱。如果孩子因为不喜欢某种食物而不吃饭，父母不要过度在乎，淡淡地告诉他，今天只有这种菜，不吃就得饿肚子。孩子说讨厌某种食物，不一定是真的讨厌，他只是想撒娇或者引起关注而已。这个时候，父母千万不要因为心软，而无条件地顺着他。不然他将来任性成性，你就后悔当初了。

（2）告诉他挑食的危害

成长期的孩子会因为长期挑食，造成身体对某种元素的缺乏，最终引发疾病。如果孩子有挑食的毛病，尽可能用事实向他表明这件事情的严重性。比如，你可以告诉他："熊熊长期生病，就是因为挑食。"

带孩子去医院打针的时候，你也可以趁机教育他："你就是因为平时不好好吃饭，才生病的。""如果你不想打针，以后就要好好吃饭。"

孩子虽小，但是如果父母能通过他容易理解的方式告诉他，当下的选择会导致的后果，他就不会放任自己的行为。孩子行为的可塑性，远超我们的想象。

（3）在吃饭这件事情上，给孩子充分的自由

许多父母都有这样的毛病，一旦孩子拒绝某种食物或者饭量达不到要求，就不顾孩子的感受，给他施压。有的父母会说："你不吃完这碗饭，今晚就不准睡觉。""你不吃这个萝卜，我就不理你了。"

孩子碍于大人的震慑，把东西吃了，但是他吃得并不愉快。孩子在极度压抑的环境下进食，不仅影响食物的消化，也影响孩子对吃饭这件事情的热情。

所以，如果孩子不好好吃饭，父母要耐心教育、引导，不能干涉他，

强迫他。

如果孩子对吃饭没有兴趣，父母可以试试这个方法，给他讲故事：这个萝卜呀，它喜欢你身体里一个叫“肠胃”的小朋友。如果你把它吃下去，它就可以和喜欢的小伙伴玩耍了。有时候，它们玩得开心了，还会在你身体里跳舞哩。你有没有发现，肚子咕咕叫的时候，吃这个下去，身体特别舒服。其实呀，那是萝卜小朋友和它的“肠胃”小伙伴在你身体里跳舞呢。

除了讲故事，父母还可以把饭菜做得可口些，让饭菜更符合孩子的口味，来引起孩子对食物的热情。

改掉孩子偏食挑食的办法有很多，不管哪种办法，父母都要以尊重孩子为前提，通过美好或者正面的方式，让孩子爱上食物，享受食物。与之相反，用强制、命令的方式让孩子进食，则是最无效、最有害的做法。

2. 需要大人陪伴才吃饭——依赖性太强，缺乏独立意识

许多父母都遇到过这样的情况：让孩子独自吃饭，他吃着吃着，就自顾自地玩了起来。或者，你一离开，他就哇哇大哭。

为什么会出现这种情况？主要是因为，孩子小的时候，父母替他包揽了太多的事情，包括吃饭这件事。时间久了，孩子习惯了父母在身边，习惯了父母帮助自己解决所有问题。一旦父母缺席，他就手足无措，表现出不安。

孩子的这种表现也称“路径依赖”。路径依赖理论由经济学家诺思提出，指人们在日常行为中一旦进入某一路径（不管是好是坏）就可能对这种路径产生依赖。显然，孩子不能独自吃饭，是因为有了路径依赖。

孩子如果出现这种情况，父母要引起重视，不要对孩子无条件地忍让、妥协。如果你继续宠溺孩子，不敢放手，他将会长成一个巨婴——拥有大人的身体，认知却停留在孩童时代。今天吃饭需要你陪，明后天睡觉、上学要你陪，他无法独自做事，他越来越离不开你。等到那时，你想改正他依赖的毛病就难了。

孩子是父母的心头宝。父母都希望孩子拥有健康的心理、独立自主的个性。具体如何培养就需要父母从小事做起，从日常的点滴做起。

育儿经

孩子就像这个地球的客人，周围的一切对他们来说，既充满着未知，也夹杂着恐惧。孩子在尝试新鲜事物的时候，会有抗拒心理。父母不要因为心疼孩子就替他去做。父母要给予孩子正确的引导。具体怎么做，以下几种方法可以借鉴：

（1）孩子做得不好，不要取而代之

培养孩子独立的个性，父母首先要改变教育方式，不要包办一切，放手让孩子去做力所能及的事情。

比如，孩子第一次一个人吃饭，过程肯定是艰难的。他会把饭弄得到处都是。他握不住勺，放不进嘴巴。不管怎样，父母不要因为孩子做得不好，就取而代之。一旦这么做，孩子就永远无法真正独立。

父母要学会接纳孩子在尝试独立过程中的各种缺陷。当他做得不好时，鼓励他；当他取得一点进步时，赞扬他。让孩子感到“我行”，这非常重要。这是孩子独立性得以发展的动力。当孩子拥有了这种动力，才可以勇敢地去尝试未知。面对挫败，他也会比其他人多一些韧劲。

父母是孩子成长路上的领路人。父母的态度和举动时刻影响着孩子今后人格的形成。只有父母懂得接受孩子的不完美，陪他进步，给他耐心，孩子才可以独自吃饭、刷牙、睡觉……最终成为一个独立的个体。

（2）孩子做错了，要给予鼓励和引导

孩子在进行第一次尝试的时候，都会出现很多乌龙。我家妞妞第一次洗葱就是拿热水去洗的。那年冬天，我准备做晚饭，一个人忙里忙外。妞妞看我忙，于是主动过来帮忙我洗葱。

冬天我们怕水凉，常会用稍热一点的水来洗东西。我忘记了提醒妞妞葱不宜用热水洗。当她兴冲冲地把洗好的葱递给我时，我顿时傻了。这哪里是葱，简直跟烫熟的青菜一样。

当然，在孩子面前，我克制住诧异的表情。我清楚，这时的孩子内心敏感、脆弱，哪怕善意的取笑也不可以。一旦让她意识到事情做得不好，就会失去尝试的热情。

所以，我赞赏地摸着妞妞的头，夸她洗得干净。为了避免犯同样的错误，我告诉她，以后洗葱时可以用稍微凉一点的水。如果怕水凉，可以戴塑胶手套。

“葱跟其他蔬菜不一样，碰到稍热一点的水容易焉。就像你一样，碰到冷一点的天气，就浑身发抖。下次记住啦！”

因为我在指出问题的时候，特别友善，也充满诚意，妞妞没有表现出一点不开心。她很开心地接纳了我的意见。更重要的是，她对新事物的热情没有丝毫减少。当遇到困惑或者弄不清楚的问题时，她会过来先问我。这时，我内心是喜悦的。我知道，我对孩子的鼓励、引导起了作用，孩子对我充满了信任。

（3）培养孩子独立思考的能力

随着慢慢长大，孩子对周围的事物越发好奇，每天都会问父母很多问题。当孩子提出问题时，父母尽量不要直接告诉他答案。虽然直接告诉孩子答案，能很快解决孩子的困惑，但是不利于孩子的独立思考。长此以往，孩子遇到问题就会懒得思考，总希望别人能够提供现成答案。

此外，很多问题并没有固定答案。同一件事，不同的环境，会有不同的处理方式。对孩子提出的问题，父母应鼓励他们自己去思考、观察，通过自我探索去找到答案。如果可以，父母要多花一些时间去和孩子一起探索。有了父母的陪伴，孩子探索未知的信心会更坚定，面对未知也会更勇敢。

父母要注意平时培养孩子独立思考的能力。比如，讲故事时，讲完开头和过程，不要急着讲结尾，可以问孩子："你觉得结尾会怎样呢？"当孩子说出自己的答案时，你再告诉孩子这个故事的真实结局。

再比如，让孩子做些力所能及的家务。孩子做家务时肯定会遇到很多问题。这个时候，父母不要插手，鼓励孩子自己寻求解决办法。若是孩子经过思考，依然不知道怎么办，父母再告诉他具体怎么做。经过多次练习，孩子的独立思考能力就可以得到培养和加强。

3. 别人碗里有的，我也要——孩子的攀比之心在萌发

有一次，我带妞妞去朋友家做客。吃饭时，妞妞看到朋友的孩子碗里有小龙虾。于是，她指着朋友孩子的碗，冲着我喊："妈妈，我也要。"

妞妞对小龙虾过敏。于是我跟她说，妞妞不能吃那个，吃了会拉肚子。她曾经背着我吃过两次，结果痛得小脸青紫，上吐下泻。可能孩子记性差。妞妞不听我的劝告，嘴里一直重复那句话："我也要！"

相信很多父母都遇到过类似的情况，只要是小伙伴有的，自己没有，孩子就会哭闹。

不少父母都知道：一旦纵容孩子，就很容易形成攀比的坏习惯。此时许多父母都会对孩子进行武力管教或语言训斥。其实，严格说来，孩子这个时候的行为不叫"攀比"，叫"对比"。

孩子是世界的生客。比，是他认识世界的一种方式。通过对比、类比，他可以知道自己和他人的不同。

我弟弟小的时候，看到女孩子坐着小便，联想到自己却是站着，他才明白男孩和女孩的不同。"原来她们是坐着，我们是站着。"弟弟对堂弟说这个话时，脸上呈现出发现新大陆一样的惊喜。

不过，从他的表情和语气中，我知道，这话没有任何贬低之意。他惊喜，只是因为他发现了一个从未知道的事情，仅此而已。

区别于大人之间的攀比，孩子之间的攀比没有太多的功利成分。别人有的，我也要。这是因为孩子认为，世界是公平的，我和他一样，所以他有的我也应该有。

认真观察，你就会发现，孩子之间的比，更多的是发生在同龄人身上。你很难听到哪个孩子说，那个叔叔抽烟，我也想抽烟。因为抽烟没有发生在同龄孩子身上，所以他没有想要的心理。

孩子时期的攀比，虽然不严重，但是如果不对其进行正确引导，长大后他就会变本加厉，不断地向你提出各种要求。一旦你达不到要求，他就会发火、赌气、绝食。并且，他不会认为自己的行为有何不妥。当他进入社会后，就会因为欲望得不到满足，做出一些过激的行为。所以在孩子小的时候，父母要对他的攀比行为给予正确引导。

育儿经

（1）不否定、不批评

当父母发现孩子有攀比倾向时，要做到不否定、不批评，把它当作孩子成长的一种经历，给予尊重和理解。不对孩子冷嘲热讽，不对孩子说这样的话："你咋不和别人比学习呢?""就知道和同学攀比，你怎么那么不懂事呢?"……

用这样的语气反击孩子，虽然会让父母觉得很解气，但是对孩子当下的处境一点帮助都没有。相反，它还会引起副作用，疏离孩子和父母的关系，加重孩子想要的决心。孩子都有逆反心理，有时候你越不想给，他就越想要。一旦他产生这样的心理，父母想缓和问题，就不容易了。因为你已经冒犯了孩子，让他觉得心灵受到伤害。

（2）明确告知孩子“你应该怎么比”

既然攀比不能避免，那就鼓励孩子把“攀比”用在“正向的地方”。父母可以告诉孩子，什么才是应该比的。比如，隔壁的健健成绩很好，这才是我们应该去比的。你要把他当作榜样，向他学习，拥有和他一样优秀的成绩。熊熊很有爱心，经常帮助有困难的同学，对待长辈也很有礼貌。你要学习熊熊的为人。蓝蓝的钢琴弹得很好。同是学习知识，他比你做事有毅力，你要向他看齐。

引导孩子把攀比用在正确的地方，告诉他，可以和别人比，但是要通过自己的努力去实现，而不是依靠父母去实现。因为依靠父母，就算比赢了也不光彩。

如果孩子和别人攀比时，总赶不上别人，父母要及时鼓励孩子：“输赢并不重要。只要你付出了努力，比昨天有进步，那就可以。”

总之，父母不能全盘否定孩子的攀比心，要一分为二地看问题。当他的攀比是负面的时，要引导他；当他的攀比是正面的时，要鼓励他。父母要给孩子最大的理解和关爱。只有这样，孩子才会感受到父母深深的爱，才能获得健康成长。

（3）懂得正确回绝孩子的要求

孩子毕竟是孩子，虽然父母明确提出，要依靠自己的努力去和别人比较，但是孩子总有办不到的时候。比如，同桌的书包很好看，他也想要。但是孩子依靠自己的能力办不到。当孩子提出这样的要求时，父母要懂得正确的拒绝。

比如，你可以这样跟他说：“妈妈目前也拿不出这个钱。等有钱了，一定给你买。”这是缓兵之计。有时候孩子“想要”某件东西，并不是真的“想要”。孩子只是一时兴起，看到小伙伴有了新鲜玩意儿，自己也要过把瘾。等他那个劲儿过了，就没那么想要了。

如果这个办法搞不定，你可以试着建议他，用自己的压岁钱去买。如果他的压岁钱不够，你可以鼓励他做家务，利用劳动获取报酬。通过商量的方式和孩子沟通，哪怕你不能立即满足他的要求，他也不会撒泼打闹。而且在这个过程，父母也对孩子如何解决问题、如何面对自己的欲望做了正确的引导。

孩子在成长的过程，会产生出一些在父母看来不那么好的行为、想法。对此，父母不可一棒子打死，要理性地看待孩子的各种行为，接纳，理解，然后引导。这才是正确的教育孩子的手段。

4. 自己不吃，也不许别人吃——自私和傲慢心理的共同使然

孩子无理取闹起来，真的令人头疼。比如，吃饭时，他在饭桌上各种捣乱，拿着勺子一通乱挖，挖了又不吃，都扔桌上、地上。孩子自己不吃，也不让别人吃。

遇到这样的熊孩子，父母都感到很无奈。他们既担心，如果放任不管，孩子以后会变得自私、任性，凡事以自己为中心；又担心，如果管不好，伤害了孩子，会给孩子造成心理阴影。

其实，父母不用过多担心。孩子的做法源自自我认知。他觉得他不吃，别人也不吃。他分不清自己和他人。父母只要了解孩子行为背后的心理，

加以正确引导，孩子的行为是可以纠正的。

就拿成年人来说，成年人的很多行为和孩子的行为没有本质区别。比如，有些你认为不合适的行为和事情，可能别人觉得没什么。但是看到别人那样做，你就会不舒服，无法接受。我们的这种心理和孩子的心理大同小异。只不过，我们懂得克制、调节自己，而孩子不懂而已。

由此可见，孩子的行为并不是什么特别严重的行为。只要父母通过恰当的方式进行科学的引导，孩子完全可以慢慢地将这种行为纠正过来。

那么，父母具体要如何引导孩子呢？以下几种办法可以参考：

育儿经

（1）告诉他，打扰别人吃饭不礼貌

告诉孩子，就像你玩游戏时不喜欢父母打扰一样，别人吃饭时也不喜欢被打扰。通过类比形式，告诉孩子，打扰别人吃饭是不礼貌的行为。

父母千万要注意，不要对孩子单纯地进行说教，尤其不能用抽象的词汇。如果你只是一味地说这种行为不好，具体怎么不好，孩子没法理解。但是，如果你把他的行为，和他玩游戏时被人打扰联系起来，他就会印象十分深刻。因为他讨厌玩游戏时被别人打扰，换位思考，就能意识到，打扰别人吃饭，这让人很讨厌。

和孩子沟通，要懂得站在他的立场去思考。为何有些父母经常苦口婆心地告诫孩子不该这样做，孩子就是听不进去？很大一部分原因是，你没有说到他的心坎里去。说白了，你的话，孩子没有听懂，或者他没有感同身受。

打个比方，你跟孩子说 100 万元人民币，他对于 100 万元到底有多少没有直观的理解，但是你和他说，那些钱可以买 50 大卡车的棒棒糖，他就比较好理解了。

教导孩子也需要技巧，父母尽可能把事情描绘成孩子可以理解或联想到的事情。只有这样，孩子才能明白事情的性质，进而收敛和改正自己的行为。

（2）人与人之间存在边界，要懂得尊重别人

人与人之间存在边界，孩子和大人之间也是如此。千万不要以为孩子还小，没有必要教他这些东西。有些父母当自己的熊孩子冒犯到其他人时，就以孩子不懂事为由，要求人家不跟孩子计较。这种做法不仅是对孩子的纵容，也是对他人的不负责。父母是孩子的镜子。一旦你的做法让他产生了“我是孩子，所以做坏事不用承担责任”的认识，他就会逐渐形成“我小我可以不受约束”的心理。久而久之，孩子就会变得骄纵跋扈，没有同理心。

所以，当孩子犯了错误，哪怕别人不与孩子计较，父母也要通过一定的方式让孩子明白，他的行为是错误的。

你可以这样反问他：“如果我不喜欢看柯南，我也不允许你看，你会乐意吗?”如果孩子说：“不乐意。”那你就可以趁机教育他：“那你以后自己不想吃饭，就不要影响别人，好不好？因为你影响别人，别人也会不高兴。”相信通过类比，对孩子进行劝告，孩子可以清楚地意识到自己存在的问题，从而去改正自己的错误行为。

（3）学会克制自己的情绪

有时候，孩子吃不下饭或者没有心思吃饭，看到别人吃得很香，他心里会感到不平衡。所以他想给别人捣乱。因为孩子对自己和他人没有清晰的边界，他觉得他不吃，别人也可以不吃。他分不清自己和他人。这个时候，父母要告诉孩子，要懂得克制自己的情绪。

情绪对孩子而言是一个高深的词汇。要想让孩子管理好自己的情绪，很难。所以，父母要给孩子提供一些帮助。

比如，看到孩子情绪不对时，你可以问他，为什么不高兴。是饭菜不好吃，还是想到什么不开心的事情。鼓励他说出来，然后和他一起解决问题。当孩子从不愉快的情绪里走出来时，你要告诉他，当众摆臭脸、发脾气，是不好的。大人不喜欢这样的孩子，其他小朋友也会远离这样的人。时间长了，就没有人愿意和你做朋友。

“你看熊熊，小伙伴都不跟他玩儿，就是因为他经常乱发脾气。”“我知道，你肯定不想成为和熊熊一样的小朋友，对吧？”

没有哪个孩子希望别人讨厌自己，一旦他明白任意发脾气带来的后果，基于对后果的害怕，他也会克制自己的情绪，逐渐地改变以自我为中心的坏习惯。

孩子在成长过程都会犯错。犯错不可怕，可怕的是从不改正错误。父母千万不要因为孩子在公共场合不懂礼貌，做了错事，就大发雷霆，要理性地看待孩子的每一次犯错。孩子犯错的过程，其实也是一步步认识世界、认识自我的过程。犯错，其实是孩子成长的催化剂。如果父母懂得利用这个机会，给孩子传输正确的价值观和人生观，孩子会成长得更快。

5. 吃饭喜欢含着——长期吃流食，孩子失去吃饭热情

有一些孩子吃饭的时候喜欢含着。如果遇到这种现象，父母就要注意了。孩子吃饭喜欢含着，一般存在以下几种原因：

（1）长期吃流食，孩子失去吃饭热情

不少父母担心孩子自己吃饭费劲，经常给孩子吃细软的流食。如果孩子还未长牙，父母可以这样做。若是孩子已经拥有一定的咀嚼力，这样做就不值得提倡了。因为长期吃流食会使得孩子咀嚼力和吞咽能力得不到锻炼，而且还会导致孩子失去吃饭的热情。

（2）家长总是逼着孩子吃饭

有的父母看到孩子吃饭少，担心营养不足影响发育，就会逼着孩子使劲地吃。在这种情况下，孩子吃饭也会喜欢含着。因为孩子并不饿，但是在大人的压制下，又不敢反抗，所以他只能用这种方式来表达自己的不满。

（3）家长总是一手包办

孩子自己吃饭的时候，会把饭菜弄得到处都是。为了省事，父母喜欢在孩子吃饭的时候一手包办。孩子虽小，但他不喜欢被控制。当父母的包办让孩子想自己吃饭的愿望得不到满足时，他就会对吃饭失去兴趣。孩子吃饭含着，就是不想吃饭的表现。

（4）孩子吃饭时周围有太多的干扰

如果孩子吃饭时，周围播放电视剧，或者孩子玩耍的时候，父母给他喂饭，孩子吃饭也会含着。这个时候，孩子的关注点在其他事物上，注意力不集中，所以忘记了吞咽这件事。

在孩子小的时候，让孩子爱上吃饭，尤其重要。只有孩子爱上吃饭，他才会自主地吃饭，吃饭时他才会吃得香。当孩子把吃饭当作一种享受、一件乐事时，食物里的营养才会得到更好的吸收。孩子食欲好了，身体才会更加强壮。

既然吃饭这么重要，父母如何提高孩子吃饭的热情呢，以下几种办法可以借鉴：

（1）减少流食喂养

孩子一般七个月大时开始出牙。但是牙尖可能在孩子三个月大时就已显现。也就是说，孩子从三个月大时，牙齿就陆续生长。到两岁半左右，乳牙基本出齐，大概二十颗左右。

当孩子失去吃饭的热情时，可能是父母给孩子吃了过多的流食。父母应该在孩子长牙之后，逐渐减少喂养流食。当孩子的牙齿长到一定程度，拥有一定的咀嚼力后，则可以完全不用流食。

流食不仅让食物的魅力减弱，对锻炼孩子的咀嚼力、吞咽力也是一种损害。如果父母担心食物块太大，孩子吃得不方便，可以把食物切得细碎些。这样就既不用担心孩子吃了咀嚼困难，又不用为了照顾孩子，把食物做成流食，损害孩子吃饭的热情，两全其美。

（2）让孩子自主吃饭

虽然孩子自己吃饭容易把饭桌弄得一片狼藉，但是父母也不应该因此

剥夺孩子自主吃饭的权利。孩子终究要学会自己吃饭，早一点学会总好过晚一点。父母大包大揽虽然省事，但是不利于培养孩子的自理能力。

吃饭对大人来说是一件小事，对孩子不是。每一项生活能力的培养，对孩子来说都意味着挑战。孩子在行动的过程遇到障碍，父母可以伸出援手，但不能完全代劳。

让孩子主动学习一种新的事物，不仅可以激发他对新事物的好奇，培养他克服困难的精神，还对他建立自信心有很大的帮助。想象一下，孩子从勺子都拿不稳，到可以自如地拿着筷子大口大口地吃饭，这是多么值得自豪的一件事！

如果担心孩子吃饭把饭桌、衣服弄脏，或者打翻饭菜，父母可以事先给孩子围上围嘴，用小碗单独盛放饭菜。这样孩子既不影响他人，也可以最大限度地享受美食。

（3）培养孩子吃饭的专注力

很多家庭吃饭的时候喜欢开着电视，如果家里有孩子，建议不要这么做。一边吃饭一边看电视，不仅会分散孩子的注意力，也会影响孩子对食物的消化。大人可以一边吃饭一边看电视，但是对于身体机能尚未发育成熟，消化功能不如大人的孩子来说，一心二用，是一种得不偿失的事情。

所以，父母在孩子练习吃饭时，要让孩子树立正确的观念，吃饭的时候好好吃饭，不可以一边吃饭，一边做其他事情。平时父母也要给孩子做榜样，切忌一边吃饭一边玩手机。孩子有很强的模仿能力。如果大人一边训斥孩子吃饭要专注，自己却反其道而行之，那么孩子也会模仿大人，一边吃饭一边玩。

这里要特别说明的是，虽然我们一再告诫，吃饭时，要专心，不做和

吃饭无关的事情，但是在实践中，父母也不要把吃饭的氛围弄得过于严肃。我听一个宝妈说，她家吃饭时从不说话。谁违反了规则，就要受罚。

这种把吃饭弄得跟朝拜一样严肃的做法，不值得提倡。长期在这样的氛围下吃饭，人会感到压抑。尤其是孩子，他会因为害怕受罚而战战兢兢，不利于孩子养成良好的性格。

吃饭要专心，并不意味着，一点无关的事情都不许做。饭桌上，父母要营造一种轻松的氛围，可以谈论和食物有关的话题，告诉孩子某种食物的由来，让他了解食物背后的故事，从而增加对食物的了解。总之，只要有心，即使吃饭这样的小事，父母也可以从中教会孩子很多事情，让他明白很多道理。

6. 爱吃零食不爱吃主食——孩子更喜欢味道丰富的食物

在吃饭这件事情上，孩子总会制造出许多让父母头疼的问题。比如，不爱吃主食，更爱吃零食。

我家妞妞也遇到过这种情况。有一年春节，妞妞的大姑给她带来很多零食，其中有果冻、糖块、坚果。我平时很少给她买那些零食。兴许是因为第一次接触那么多零食，那几天她完全被零食吸引了，不仅饭量减少，食欲也明显下降了很多 。

起初我以为，她第一次接触那么多零食，新鲜劲儿过去就好了。但是，我低估了零食对孩子的吸引力。那些零食吃完后，妞妞就嚷着让我再去买。我当然拒绝。我跟她说，那东西不好，吃多了会伤害身体。可是她不听。

我不给她买零食，她索性就不吃饭，噘着小嘴待在一旁，一副赌气的样子。僵持大半天，妞妞也没有服软的意思。我觉得跟她硬碰硬也不是办法，只能率先投降。我俯下身，和声细语地问妞妞："为什么喜欢吃那些零食?"

见我友好地主动说话，妞妞没有了之前的倔劲儿，带着哭腔告诉我，那些东西很好吃，她没吃过那么好吃的食物。我问妞妞："比妈妈给你做的菜还好吃吗?"妞妞迟疑地看着我，点了点头。我平时因为崇尚健康饮食，煮饭做菜一向都是少油、少盐、少作料。没想到，健康是健康了，但是孩子吃到更美味的食物，就嫌弃了。

有时候我也觉得自己做的饭菜过于清淡了。这种感觉在吃外面餐馆做的菜后感觉尤为强烈。所以我不能怪妞妞。她还小，只知道那些东西很好吃，于是就想多吃，哪里会考虑它对身体是好还是坏呢？从感官上讲，人们喜欢味道丰富的食物。这是一种味蕾需求，也是一种本能。当我意识到对孩子过于苛刻时，我决定让她适当地吃些零食。

决定让妞妞吃一些零食之前，我也跟她约法三章：

育儿经

（1）零食不能饭前吃

零食含有大量的糖分，吃后容易有饱腹感。所以我跟妞妞约定，吃零食可以，但是饭前两个小时不能吃。如果她不听话，违反规则，以后我就不再给她买零食。妞妞很听话。因为有了约定，妞妞平时吃零食都是在规定的时间里吃。

（2）吃零食要定量

除了跟妞妞约定了吃零食的时间，我还要求她，定量吃。每天只能吃三种零食，每种两小包，吃完之后就不能再吃。如果想吃，只能等到第二天。所有零食由我保管和发放。如果妞妞不遵守规则，我就会拒绝发放。

这是因为：零食大多数只能提供热量，并无太多的营养价值。孩子吃多了零食，容易造成蛋白质、维生素、矿物质的缺乏，影响身体发育。

（3）吃完零食要及时漱口或刷牙

零食含有大量的糖。糖为口腔内的细菌提供了良好的繁殖条件。这些细菌和残留在口腔里的糖能使牙齿、牙缝及口腔里的酸性增加，从而损害孩子的牙齿。我既不想剥脱孩子吃零食的快乐，也不希望她因为吃零食而被牙疼折磨。所以，我要求妞妞，吃完零食，一定要漱口。

为了让妞妞意识到不及时刷牙的后果，我特地下载了很多的烂牙、病牙图片给妞妞看，告诉她，如果吃了零食不漱口、刷牙，牙齿就可能变成这样。妞妞是一个很爱美的姑娘。妞妞自从看了那些奇形怪状的烂牙后，每次吃完零食都会很自觉地去刷牙。

当然，在要求妞妞少吃零食、注意漱口刷牙的同时，我也从自身入手，做了一些改变：

（1）把饭菜做得更合孩子的口味

以前为了把饭菜做得健康，我几乎忽略了味道。自从妞妞被零食吸引后，我也开始注重食物的色香味。

比如，蒸馒头的时候，我会把馒头做成妞妞喜欢的兔子状；卤鸡爪的时候，我会放入妞妞最爱的桂皮、八角；妞妞喜欢酸味不喜欢辣味，平时我就多给她做糖醋排骨。

当我意识到自己的问题并做出改正后，不用我多说，妞妞食欲大好，饭量也明显增多。妞妞好几次一到饭点就催我去做饭，那迫不及待的样子，像是几天没吃过饭似的。

（2）减少孩子跟零食的接触

自从我对饭菜做了调整之后，孩子对零食的兴趣逐渐减弱了。不过我还是很注意培养孩子好的饮食习惯。每次我带孩子去商场，尽量避免路过零食区，不让孩子有接受零食的机会。现在的零食生产商太厉害了，对孩子的喜好、口味研究得很透，我害怕在五花八门的零食袋面前，我辛辛苦苦的努力被付之一炬。

孩子小的时候，活动区域无非是幼儿园、游乐场以及家里。所以，大人想要减少孩子跟零食的接触并不难。只要严格执行，以身作则，孩子会一点一点地淡化对零食的注意力。

（3）当孩子被零食吸引时，转移他的注意力

如果孩子不幸被零食吸引，父母可以适当地转移他的注意力。比如，用他感兴趣的翻翻书吸引他；和他一起玩他喜欢的老鹰捉小鸡游戏；如果你们家离游乐场很近，索性带他去坐他最喜爱的卡丁车……

孩子的精力往往很难集中。一旦你成功地转移他的注意力，他就会很快忘记之前的事情，转身投入另一件事。不过前提是，你得知道他的兴趣点，并且及时切入。

在养育孩子的过程中，父母要明白，成长不是孩子一个人的事，大人也需要成长。孩子做错了事情，我们要教育他。我们做错了事情，也要反思、调整自己。父母不要因为自己是大人，是长辈，就高高在上。父母要懂得放下身段，和孩子平起平坐，适当妥协。只有这样，孩子才更容易接

纳我们，长成我们期待的模样！

7. 把饭菜抓在手里揉捏——是“试验”和“探索”的过程

孩子刚开始吃辅食的时候，都是妈妈一口一口地喂。等到大一些，孩子小手灵活了，就不愿再被妈妈控制，开始自己用小手抓饭吃。很多妈妈都不喜欢孩子的这种行为，觉得不雅观，不卫生，不好收拾。因而当孩子用手去抓饭吃的时候，妈妈就呵斥他、责骂他。妈妈想通过这样的方式来阻止孩子。

有一次我带妞妞去喝喜酒。席间有个孩子因为吃饭时用手抓菜吃，被妈妈严厉批评。妈妈还狠狠地打了那个孩子的手。孩子因为妈妈突如其来的责罚，委屈得哇哇大哭。

那位妈妈不顾孩子的哭闹，继续训话：“我跟你说过多少次了，不要用手去抓菜吃，你怎么就是不听呐?”“你再这样下去，妈妈不要你了！”不知道是不是因为那句“妈妈不要你了”，孩子哭得声音更大了。一时间，饭桌周围所有人陷入了尴尬。有些人劝那位妈妈：“孩子嘛，做得不对，好好说就行，不用那么较真。”那位妈妈气愤当头，对别人劝说的话不以为然。她愤愤不平地道：“现在不好好管教，长大就更难管了。我不能因为他小，就纵容他。”好好的酒席，因为那对母子的争执，大家吃得很扫兴。

类似那位妈妈的做法，相信大家也有碰到过。其实，孩子用手抓饭吃，父母不用过于担心。它是孩子探索世界、感知世界的一种方式，也是孩子成长的必经过程。从更深的层面去分析，它还是孩子身体和心理的共同

需要。

孩子用手抓饭，具有以下几种好处：

（1）增加进食兴趣

用手抓饭，可以让孩子从被动吃饭到主动吃饭。而且孩子这样做，不仅可以根据自己的喜好来选择食物，拥有更多自由，同时也可以体味到更多的吃饭乐趣。

“馒头白白的，软软的，像妈妈的乳房，真舒服；鸡蛋滑滑的，嫩嫩的，那个小小的蛋黄，像天空的太阳，真有趣；面条圆溜溜的，使出吃奶的劲儿也抓不住，总是从我的小手里溜走，真淘气。”如果不是用手吃饭，孩子怎么会有这些新奇的发现呢？

（2）帮助提高大脑认知

孩子在抓取食物的过程中，通过接触、抓握、拿取来感知食物的形状和触感，并且通过味蕾的记忆，加深大脑对食物的识别。

孩子挑食偏食，从另一个方面来说，是父母给了他太多的压力。在父母和孩子之间，类似的对话我们经常听到：“吃不完这碗，就不许玩耍。”“吃饭慢吞吞的，等下餐桌由你来收拾。”

孩子通过用手抓饭远离了父母的控制，获得了自主权。这也在一定程度上提升了孩子对吃饭这件事的热情，减少了挑食偏食毛病的发生。

（3）促进肢体动作的协调

孩子从翻身到站立，这都是肢体动作学习进步的一种表现。用手抓饭也是如此，它对肢体动作和脑部支配力、协调力的配合起到了很好的促进作用。所以，孩子用手吃饭，不是任性，而是身体的一种需要。

孩子用手抓饭吃，父母不应该一味地阻止，同时也不能放任不管。具

体要怎么做呢？以下几种办法可以借鉴：

育儿经

（1）不要呵斥孩子

当发现孩子用手抓饭吃时，父母要做的不是呵斥、打骂。否则，孩子探索的欲望就会被遏制，严重的还会对孩子的心理造成伤害。研究发现，很多孩子的心理问题，都是小时候父母不恰当的教育方式造成的。所以，对于孩子抓饭的行为，父母要平和地接受，不要有过激的行为。如果孩子做错事时，父母的态度过于严厉，孩子会因为害怕犯错，而害怕尝试新的事物，以致形成畏缩的个性。

（2）给其他东西让他抓

不呵斥，但不代表孩子用手抓饭是正确的。父母怎么做，才能既不影响孩子手抓东西的兴致，又能保证他不会养成这种不良习惯呢？最好的办法就是，让他去抓其他东西。当然，这种东西不管是外形还是功能，都要足够新奇、有趣。至少让孩子觉得比抓饭菜好玩有趣。不然它没法吸引孩子。为了避免病从口入，父母给孩子准备这些东西时，要保证它们是经过消毒的，是干净和安全的。

让孩子抓其他东西，不仅避免了饭桌被他弄得一片狼藉，同时也可以达到锻炼孩子手部活力的目的，两全其美。

（3）鼓励他用筷子或勺子

当孩子改掉用手抓东西的习惯后，父母要适当地引导他用筷子或勺子

吃饭。在这方面，父母要以身作则。必要时，家庭成员要集体配合。

妈妈可以这样说："宝贝，吃饭应该用筷子。你看，爷爷奶奶、爸爸妈妈都用筷子。这样更文明，也更卫生。"如果孩子发现自己的行为和其他人不一样。出于认同心理，他会倾向于调整自己的行为。当然，有些孩子接受新事物没有那么快，毕竟用手抓饭比拿筷子吃饭容易得多。这时，妈妈不要心急，要给孩子一点儿时间，耐心劝告，做好示范。时间久了，改变就是自然而然的事情了。

教育孩子，只要找对了方法，过程并不难。我们小区有个宝妈，育儿特别有一套。在她的教育下，孩子特别懂事，见到大人会主动问好，和小朋友一起玩耍，几乎不会闹别扭。关键是，孩子的学习成绩还特别优异。我问她，是怎么教育孩子的。她说，在养育孩子这件事情上，万变不离其宗。不管孩子做了什么，保持这几点原则："接纳，共情，引导，转移转移力"。

接纳：接纳孩子当下的行为。

共情：即换位思考，设身处地，从孩子的角度考虑问题。

引导：通过恰当的方式引导孩子。

转移注意力：如果孩子暂时没法从当下的行为中走出来，就用其他事情吸引他的注意力，让他暂时忘记那件事情。

只要做到这些，孩子就会一点点地往好的方向迈进。这位宝妈的观点，我很赞同。写在这里，和大家一起分享。

8. 吃饭喜欢用手抓着——不喜欢受束缚

孩子随着身体的发育，比如小手可以抓取东西或小脚可以踉跄地行走的时候，就喜欢自己去做很多事情，吃饭就是其中之一。一岁左右的孩子特别喜欢用手抓取东西吃。前面我们提到过，孩子吃饭喜欢用手，是实验和探索的过程。通过对食物的抓取，孩子可以更好地感知食物的形状、气味、触感，加深大脑对食物的识别。这是孩子成长过程中，认识事物、感知事物最好的一种方式。

其实，孩子用手抓饭吃，是对外界探索的需要，也是内心的需求——他渴望自由。孩子在婴幼儿时期，因为年纪小，手脚不灵活，很多事情都由父母包办。吃饭要父母喂，洗澡要父母擦，走路要父母扶。孩子很渴望自己可以做这些。不过那时候条件还不成熟。长大后，当他的手脚灵活、有劲了，他就开始抑制不住了，不再甘心被父母操控，什么事情都想自己试一试。

在孩子的尝试阶段，不少父母因为担心孩子把事情搞砸，就制止他的行为。有些严厉的父母还会粗暴地对孩子动手，以此阻止孩子。如果你也这样对待孩子，那么我劝你不要这样做。

和我们同一个小区的多多，就因为吃饭的时候用手抓，被妈妈狠狠地打了小手。从此多多的食欲就一直不怎么好，吃饭的热情也大大降低。对孩子用手抓饭吃这件事，父母要抱有一种宽容的态度。专家解析，1 岁左右的孩子正处于学习自己吃饭的时期。学吃饭，实质上也是一种兴趣的培养，和看书、玩耍没什么两样。如果父母在这个时候制止孩子的行为，那么他就有可能失去探索的兴趣。长此以往，孩子就会变得内向、自卑、胆小。

既然不能过分地约束孩子，但是也不能放任孩子。在孩子表达出自主做事的意愿时，父母怎么做才是合适的呢？以下几种做法可以借鉴：

（1）给孩子自由

父母应该在孩子渴望自由的时候，给他足够的自由。比如，吃饭的时候，多问一问他喜欢什么食物，喜欢口味清淡还是浓烈，清蒸还是爆炒。尊重孩子的需求，给他想要的，而不是强加给他你认为好的东西。包括学习的时候，父母也要尊重孩子的喜好。比如，他不喜欢钢琴，就不要强迫他去学钢琴；他喜欢画画，就让他接触和画画相关的东西，为他提供自由创作的环境。

父母只有从小学会尊重孩子，凡事征求他的意见，把他当作独立的个体对待，他才会更健康地成长。长大之后，他才会懂得用同样的方式去对待别人。

（2）在孩子看不见的地方保护他

父母在对孩子放手的同时，也要学会暗中保护孩子。孩子的社会经验少，初次尝试新鲜事物时，难免会遭遇未知的风险。父母只有在暗中观察留意，才可以在他遇到危险时，及时出现，给他帮助。

例如，孩子两三岁时，你可以让孩子独自去小卖部买东西，但是在他未熟悉这一行为时，你要偷偷地跟在背后。首先要说明的是，这种跟踪，不是监视，不是偷窥，而是在孩子遇到困难时及时地给予帮助。比如，孩子过马路的方式不对，没有走在人行道上，那么你就要及时出现，给他指正。

有些孩子不希望父母跟踪自己。如果父母的行为让孩子感到不开心，父母可以耐心地跟他解释，你是因为他第一次去做这件事，担心他的安危，才那么做。孩子的内心远比我们想象的懂事，只要父母足够坦诚，孩子会理解父母的行为。

（3）告知孩子享受自由时要注意的问题

很多父母担心，让孩子自由惯了，会变得无法无天。其实这种担心是多余的。孩子有了自由就会变坏，是因为父母给了他没有边界的自由。

自由并不意味着，想做什么就做什么。父母在给孩子自由时，要告知孩子自由的范围。比如，什么样的事情可以做，什么样的事情不可以做；什么样的朋友可以交往，什么样的朋友要远离；包括晚上几点回家，都要跟孩子说明。如果他越界，就要接受处罚。

给孩子自由，应当让他明白，自由不是为所欲为，不是肆无忌惮，而是在保证自己安全，不伤害他人，不危害社会的前提下，是有条件和约束的。

孩子就像一根弹簧，你压得越紧，他弹性就越大，就会变得越叛逆和不听话。在孩子成长的过程中，父母要遵从孩子的内心变化，了解他的需求，给他自由、尊重和爱。

人总是向往自由的，不管作为人的这个个体多么不成熟，只要他拥有自我意识，就会追求这些东西。作为父母，与其因为害怕孩子受伤，把他放在象牙塔里保护起来，还不如放手让他去找寻自己的天地。那样，即使经历坎坷，他的内心也是满足的。

比起被父母放在象牙塔里的孩子，自由飞翔的孩子，一定是更坚强，眼界更广，心胸更宽。因为他见过和经历的一切，都幻化成了内心的力量。这种力量，让他无比强大。你想说，你不想把孩子培养成这样的人吗？

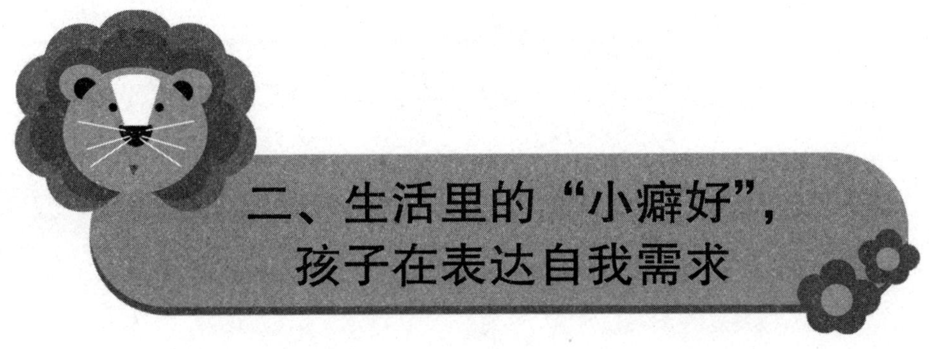

二、生活里的“小癖好”，孩子在表达自我需求

在带娃的过程中，你会发现，孩子会有各种“小癖好”。你会因为孩子有这些小癖好而被搞得焦头烂额。其实，你之所以对此感到疲惫，完全是因为你对孩子的认知有限所致。当你了解孩子为什么会有这些“小癖好”的时候，你就会发现孩子天真可爱的一面，并且找到引导孩子健康成长的方法。

家长要正确认识孩子的各种“小癖好”，并针对孩子的这些“小癖好”，用更有效的方法来教育引导孩子。

1. 爱吃手，爱啃指甲——孩子口欲期的特殊习惯

欣欣的妈妈最近很烦恼。她的女儿不知从什么时候起，养成了喜欢吃手的习惯。每次看到女儿把手伸进嘴里，她都苦口婆心地告诉女儿，不能那么做，说完还不忘把手从女儿嘴里拿出来。可是，一个转身，女儿又自顾自地把手放进嘴里啃了起来。

为了阻止女儿再次把手放进嘴里，欣欣的妈妈想到一个办法，在女儿手上涂上辣椒。效果确实明显，自从那次女儿啃手后被辣得龇牙咧嘴，她就不敢把手放进嘴里了。

其实，欣欣的现象不是个例。不少孩子长到一定程度都喜欢啃手。不只是啃手，凡是能放进嘴里的东西，他都想啃一啃。玩具、勺子、筷子，只要是能够被他抓在手上的，他都不会放过。

很多妈妈的反应跟欣欣的妈妈一样，因为害怕孩子吃手时把细菌带到肚子里，或者长期吃手会影响孩子的牙齿发育，因而想出各种办法阻止孩子的行为，期望他改掉这个坏毛病。

对于孩子吃手，妈妈不要太担心。著名心理学家弗洛伊德把婴儿出生后第一年称为“口欲期”。他认为这个阶段的婴儿，获得各种欲望满足的主要途径是口部（即吸吮、吃喝、吃手）。这是孩子人格发展的第一个基础阶段，对孩子的心理健康发育有着非常重要的作用。

孩子为什么会吃手？除了上面所说的原因，还有以下几点：

（1）缓解牙痛

一般而言，孩子在七个月大左右开始长牙。但是牙根在三个月大时就已经开始在牙床生长。孩子长牙伴随着牙疼、牙痒。这个时候孩子需要咬东西来缓解疼痛，而手是他最容易放进嘴里的东西。

（2）释放情绪

孩子在妈妈肚子里时，处于是受保护的状态。从子宫出来后，他要直接去接触很多东西，其中包括声、光、电。面对这些新事物，孩子是不安的。不安的孩子因为没法通过语言或者其他行动表达出来，所以他只能通过吃手来缓解情绪。这时，吃手是孩子内心的一种需要。

（3）促进脑部发育

孩子吃手不仅是心理需要，也是生理需要。专家指出，孩子频繁地吮吸手指，可以刺激手部触觉的发育，培养婴儿的手感。同时，孩子手握能力的加强，手灵敏度的提升，又促使孩子更好地认识事物之间的联系。这使得孩子知觉的完整性和思维能力得到发展。总之，手的活动促进大脑的发育，大脑的发育反过来又提升手指的灵敏度，两者相互影响，相互促进。

（4）自我安慰

孩子出生后，他的本能就是通过吸吮母乳获得能量和安慰。但母亲喂奶这个动作没法一直进行，所以他只能通过吃手甚至吃脚趾来达到自我满足。

孩子吃手的背后是一系列生理以及心理的需求。所以父母不要呵斥、打骂孩子，来阻止孩子吃手。这种过激的方式不仅会影响孩子的心理健康，也会影响孩子的身体发育。那么，父母应该怎么做，才可以做到既不伤害孩子，又满足他对这种行为的渴求呢？以下几个办法可以借鉴：

（1）做好孩子的手部卫生

既然孩子吃手是一种生理和心理的共同需求，那么父母首先要做的是接纳。接纳孩子的行为，让他在吃手的过程中获得自我满足。因为孩子的需要一旦没有得到满足，在日后他会去补偿这个关键期。等到那个时候，父母想要干预就更难了。

孩子吃手时，难免会把细菌或者不干净的东西吃进肚子里，造成腹泻、腹痛。为了避免这样的事情发生，父母平时要经常给孩子洗手，确保手是干净的。

（2）给孩子其他可以啃的东西代替手

虽然孩子吃手是一种需求，但是吃手也会带来一定的害处。比如，影响手指发育，导致牙齿变形。如果他不小心把手指咬破，还会引起手指出血。所以，为了减少孩子吃手的频率，父母可以让孩子手抓磨牙棒、牙胶。孩子吃手时，他并不知道那是手。他只是把手当作一个玩具来玩。当他手上有可以啃的东西时，就不会吃手了。

（3）转移注意力

当孩子要吃手时，父母可以用玩具或者其他好玩的东西来吸引他的注意力，让孩子忘记吃手这件事情。孩子很容易转移注意力。因为这时他的听觉、视觉、触觉都处于发育阶段，极度敏感，外界的一点刺激都能吸引他，引起他的好奇。父母可以利用孩子的这种特点，一点点地帮他戒掉吃手的习惯。和他玩积木、捏橡皮泥、涂鸦，都是不错的方式。只要孩子的手忙碌起来，他就不会习惯性地吃手了。

孩子吃手是成长过程的一个小插曲。不过孩子的这个行为也是有时间期限的，多始于 3 ~ 4 月龄，7 ~ 8 月龄达到高峰，2 岁后逐渐消退。如果孩子在 3 岁之后依然吃手或者啃指甲，那么父母就要引起重视了。这很有可能是，孩子在吃手时，父母采取了不恰当的处理方式，让孩子长大后出现了补偿心理。此时，就需要在医生的干预下，对孩子进行治疗。

总之，在孩子的成长过程中，父母要提高警惕，不能掉以轻心。一旦发现孩子的行为异于常人，我们就要及时地求助专业人士，对孩子进行科学合理的救治。科学育儿，孩子才可以健康快乐地成长。

2. 不高兴就咬——语言表达能力还不完善

有一次，我送妞妞去学校，有个宝妈过来跟我诉苦，说她家的孩子因为玩具被小朋友抢了，就咬人家。令她苦恼的是，他不仅咬同龄人，也咬大人。如果人家取笑他或者惹他不高兴，他就会咬对方的手臂，胳膊，甚至大腿。

这位妈妈忧心忡忡地告诉我，她好担心，孩子这样下去，日后会长成小霸王。她知道我在育儿方面有些心得，于是特地过来问我，遇到这种情况，应该怎么做。

相信这位妈妈的问题大家也遇到过。孩子不高兴就咬人，我们不能笼统地说，孩子任性。具体要分时间段来看。不同年龄段的孩子，心理发展不同，咬人的原因也不相同。

0–1 岁，是孩子的口欲期，也称口腔敏感期。这个阶段的孩子喜欢用嘴巴，也就是舌头与牙齿来探索周围的世界。孩子通过咬、含、吸等方式感知周围的事物，从而达到认知以及记忆的目的。

2 岁左右，孩子的牙齿渐渐长出。这个时期，孩子尤其爱咬东西。值得说明的是，孩子爱咬东西，是长牙期间牙齿痒痛，而他所吃的食物又过于稀软，导致他对咀嚼的需求不够造成的。只要调整孩子的饮食，适当地给孩子使用磨牙工具，比如磨牙棒，就可以缓解这种情况。

2–3 岁，是孩子自我意识的敏感期。这时候孩子咬东西往往是带有情绪的。当有人惹怒孩子，比如抢了他的玩具，侵犯了他的地盘，没有经过他的同意就进入他的房间，答应他的事情最后食言等，孩子因为语言表达能力不足，就会通过咬的方式来表达自己的愤怒。

还有一种，孩子咬人是从大人那里模仿来的。比如妈妈和爸爸吵架，气急了就咬爸爸的手臂、胳膊。孩子看到了，就会模仿。如果你的孩子在行为处事上，出现和你类似的举动，这种举动又不是那么文明，你就要引起重视了。两种选择，要么改掉缺点，要么减少缺点在孩子面前曝光的次数。父母是孩子的镜子，你一言一行都对孩子的性格塑造起到决定性的作用。所以，为了孩子，父母不要在孩子面前暴露自己粗鲁、消极的一面。

3 岁以后，孩子已经拥有一定的语言表达能力，可以通过简单的词句说出自己的需求，表达自己的愿望。这时，孩子咬人的毛病也随之消失。如果孩子在 3 岁以后还经常咬人，家长就要通过正确的方式去引导孩子。具体要怎么做呢？以下几种办法可以借鉴：

育儿经

（1）引导孩子正确地表达情绪

2–3 岁的孩子已经拥有了一定的意识。也就是说，他知道咬人是不对的，只是他克制不住自己。孩子在做了不应该的事情后，是有负罪感的。这时，父母不要责备他，否则他会陷入更加苦闷的情绪。

首先，父母要表达对孩子的理解。你可以告诉孩子，妈妈也有生气的时候，这是一种正常的情绪，每个人都会有。接着，你可以告诉孩子，这种情绪是不好的。但是我们可以用积极的方式来处理消极情绪。最后，父母再就告诉孩子表达情绪的正确方式。

先天方式：哭、笑、喊。人在情绪不好的时候，痛快地哭一场，或者找个没人的地方吼一吼，人的情绪就会得到释放。这是情绪释放最直接的方式，既简单又高效，关键是不会伤害别人。开始，如果孩子不懂得怎么做，父母可以亲身示范。一旦孩子学会了，那么下次，他就懂得如何发泄自己的情绪了。

后天方式：倾诉、运动。有些委屈一旦找个人说出来，大脑就会有一种被清空的清爽感。此外，还可以通过运动，用身体本身来调节情绪。父母平时要鼓励孩子，多用倾诉、运动等积极的方式来释放不良的情绪。

（2）教孩子学会共情

孩子控制不了自己的情绪，除了与心智不成熟有关，还跟孩子的共情能力差有关。

共情能力，也叫移情能力，指的是一种设身处地地体验他人处境，感受和理解他人情感的能力。专家指出，2–7 岁的孩子，容易以自我为中心，凡事以自己为主，把自己的情绪、需求放在第一位，而不去考虑别人的感受。孩子咬人，原因之一就是共情能力差造成的。他不知道自己的行为会给别人带来伤害，他没法感同身受。

孩子以自我为中心，这原本是自我意识发展的必然阶段，是一种正常现象。但是若不加以引导，孩子会变得越来越任性，越来越冷漠。父母在发现孩子随便咬人、打人的举动时，要引导他学会共情。具体要怎么做呢？可以从孩子的经历入手。

比如，孩子某天不小心被石头绊倒在地，这时你可以先安抚他，关心地问他，痛不痛。一般来说，孩子都会说很痛。然后，你可以引导他：“你还记得吗？你上次咬了熊熊，熊熊那时也跟你一样痛。”如果孩子表现出了愧疚之意，你可以趁机教育他：“以后，我们不咬人了，好不好？不然的话，就没有小朋友愿意跟你玩了。”如果孩子点头接受，妈妈要鼓励他：“没事的，知错就改，依然是妈妈的好孩子。”

当然，具体实施过程也许不会这么顺利。孩子可能会反驳：“活该！谁叫他抢我的玩具？”若是孩子没有表现出认错的态度，父母不要着急，给他一点耐心，一点点地引导、感化他。相信，只要给孩子足够的理解和时间，总有一天，他会改掉以往的傲慢，一点点地拥有共情力。开始会很艰难，但当孩子迈出了第一步，事情就会一步步地朝着好的方向发展。

3. 对玩具爱不释手——内心情感的需要

有些孩子在成长过程中特别依赖玩具，我朋友的孩子就是如此。两个月前，我去朋友家做客，发现朋友的孩子特别迷恋玩具。那是一个蛮大的挖掘机。就那一个挖掘机，孩子乐此不疲地玩了将近两个小时。中途，我跟孩子说话他都爱答不理的。朋友很生气，走到孩子面前，倏地从他手里夺过了玩具，呵斥道："阿姨跟你说话，都不懂得回答，太没有礼貌了。"玩具被夺走，孩子不高兴，立马原地打滚，撒泼打闹。朋友没办法，把玩具给了他，他这才停止哭闹。

"也不知道怎么了，一玩起游戏就六亲不认，对别人爱理不理。平时这样也就算了，睡觉也要抱着玩具睡。你要不随他的愿，他就跟你抵抗到底。"朋友跟我吐槽。我问朋友，平时是不是很少陪他。朋友无奈地回答："天天加班，哪有时间陪他？就是偶尔有空，我也想好好地放松一下，给自己放个假。"说起孩子，朋友就很难过："我也想陪他，可是力不从心呐。"天下父母大概都跟我的朋友一样，在家庭与事业之间奔波，找不到平衡的点。

朋友也知道自己亏欠了孩子，尽量在其他方面满足他。比如，给他买很多的玩具。只要孩子看到喜欢的玩具，朋友就给他买。如今，光是玩具，杂物间里就堆着不下一百个。原本是一番好意，谁知这竟然成了孩子不爱理人的罪魁祸首。朋友为此感到既痛心又无奈。

这种现象，相信其他父母也碰到过。这些孩子，表面上是痴迷玩具，实际上是长期缺少父母的陪伴造成的。和大人一样，孩子也需要陪伴，从陪伴中获得安全感、关爱以及内心的满足。如果父母缺席，孩子就会从其他地方获得这种需求。对于孩子而言，替代父母陪伴的最佳对象就是玩具。玩具能天天陪伴他，可以给他快乐。在孩子眼里，玩具已经不是单纯的一种物体，而是一种可以满足自我情感需求的朋友，是他最亲密的伙伴。在这种情况下，父母抢夺孩子的玩具，他能不哭吗？

父母在解读孩子的行为时，不要只看到事情的表面，而是要去思考问题背后的原因。比如，当孩子沉迷于玩具而忽略了与周围人（包括父母）的互动时，父母就要反思，孩子这样做，是不是平时对孩子的关心不够，陪伴孩子的时间太少。如果是这样，父母就要从自己入手，做出一些改变。以下几种做法可供借鉴：

（1）多陪伴孩子

孩子的成长期就那么短短的几年，如果可以，父母要尽可能地多抽出时间来陪陪孩子。也许大家会说，平时工作那么忙，怎么陪？说实话，时间这个东西，挤挤还是会有的。我见过一个老总，他管理着上百人的团队，每天很早上班，很晚下班。早上起来的时候，孩子还没醒，回家的时候，孩子已经睡着。为了能多陪孩子，他每天中午让妻子把孩子带到公司，利用午睡的时间和孩子一起玩耍。

很多父母总是说自己忙，他们真的有那么忙吗？其实未必，因为兄弟叫去喝酒，他们立马有时间；闺蜜叫去逛街，她们说走就走。有些事，不是忙不忙的问题，是在不在乎的问题。你再忙，每天抽出半个小时总是可以的。利用这半个小时，和孩子一起玩游戏，给他讲故事，听听他的心里话，你说孩子还能跟你那么疏远吗？

（2）规定玩玩具的时间

孩子玩玩具也是有很多好处的。玩玩具不管是对孩子的动手能力，还是对孩子的脑部发育都有一定的促进作用。一些需要多人参与才能完成的游戏，还可以培养孩子的集体观念和合作精神。孩子应该适当地玩一些玩具，这是一种很好的益智活动。

值得注意的是，孩子还没有很好的自控能力，玩玩具的过程容易沉迷其中。父母要给孩子立一些规矩。比如，规定玩游戏的时间，每天玩多长时间，哪个时间段可以玩。这样可以防止孩子沉溺在游戏里，忽略与其他人的沟通，陷入单一的世界。

（3）多带孩子接触其他事物

孩子沉迷于玩具，有时候是因为他的世界只有玩具。就像我朋友的孩子一样，因为爸爸妈妈平时没有时间陪他，奶奶也不会和他玩，他想去外面走走，也去不了。所以，他只能玩玩具，不厌其烦地玩玩具。沉溺于玩具，看似是孩子的主动选择，其实是孩子没有选择的选择。

孩子的好奇心很强。如果孩子能接触到比玩具更好玩、更有趣的东西，就会很快地从玩具的世界里跳出来，去拥抱新鲜事物。

所以父母应该多抽些时间陪陪孩子，带孩子去楼下走走，去周边看看。路上的汽车，路边的野花，空中的鸟儿，吹拂在脸上柔软的风，对孩子来说都是新奇的事物。

孩子的世界可以很大，大到地球之外；孩子的世界也可以很小，小到只有一个玩具。这一切的决定权来自父母。如果你给孩子一个广阔的天地，他自会有广阔的视野。如果你让孩子天天坐在井里，他就只能看到小小的一片天。

4. 不会说话却暗自嘀咕——孩子的专属行为语言

如果你是宝妈，就会发现，孩子几个月大的时候开始自说自话。那是孩子的专属语言，没人听得懂。不过没有关系，即使没有人理会，孩子也是兴致不减。他继续哼哼唧唧，沉浸在自己的小世界里。我带妞妞时，发现妞妞也出现过这种自说自话的情况。如果有人回应，对着她笑，跟她互动，她就会说得更加起劲。

为何孩子会有这种表现？明明还不会说话，却喜欢暗自嘀咕。专家解析，这种现象代表孩子进入了语言敏感期。孩子在 4 个月时，就能够观察周围人说话的样子，并进行模仿，尝试着发出声音。6 个月左右，孩子可以慢慢地说出一些音节，比如，啊、嗯。10 个月左右，孩子开始对声音敏感，且能感知说话者的指令、情绪等。1 岁左右，孩子已经可以说出一些简单的字词，比如爸爸，妈妈。1 到 2 岁，是孩子语言发展的关键时期。这个时期，孩子对说话特别感兴趣，喜欢自言自语，咿咿呀呀停不下来。2 到 3 岁，孩子正式进入语言敏感高峰期，一天能说好多的话，而且还能模仿别人说话，语言学习能力变得很强。

专家指出，如果父母能对孩子语言敏感期的不同阶段进行科学训练，孩子的语言理解及表达能力就会得到更快的提升。具体应该怎么做，以下几种方法可以借鉴：

育儿经

（1）多和孩子互动

父母要在语言敏感期多和孩子互动，不要以为他说的话不重要，就对他置之不理。

育儿专家指出，0–6 岁是孩子语言能力发展的黄金期。孩子语言能力的培养要在这个时期完成，一旦错过，很难弥补。所以父母想要提升孩子的语言能力，就要在这个时期和孩子积极互动。你说什么不重要，孩子也听不懂，但是你的参与对孩子来说意义非凡。他会观察你说话的唇形来模仿发音、吐字。通过这样的方式，他一步步地学会说话，并且说得越来越顺畅。

（2）引导孩子学习表达

孩子在语言敏感期时，父母要有目的地引导他学习一些简单的词句。例如吃饭、睡觉、尿尿等，通过教孩子一些简单的词句，让孩子在出现类似需求时可以自我表达。不过，需要注意的是，父母教孩子这类词句时，要在特定的时间。

比如，教孩子“尿尿”这个词时，要在他尿尿的时候，告诉他，这叫“尿尿”。把正在进行的事件和所教的词句对应起来，孩子更容易理解，印

象也会更深刻。其次，要反复说。语言学习最好的办法就是重复。不断重复可以刺激大脑，形成强有力的记忆，促使孩子更快地学习掌握。

很多家长在培养孩子的语言能力时，喜欢给他买电子产品，通过自动教学，让孩子自我学习。专家指出，父母不要过于依赖网上的语言学习教程，网络学习缺少丰富的环境和多样的情境，不够直观。学习语言，最好在热烈的语言氛围里一对一地进行交流。只有在交流过程中，有眼神、表情等多种信息的传输，孩子才可以更全面地感知语言所蕴含的信息量以及它背后的含义。另外，在具体的语言环境里学习语言，可以提升孩子的应变能力以及沟通能力。也就是说，丰富具体的语言环境对孩子的语言学习帮助更大。

（3）以身作则，注意语言文明

孩子在语言敏感期学习能力特别强。父母在孩子面前，要以身作则，注意文明用语。夫妻之间有矛盾，也不要在孩子面前吵架。一来，避免孩子模仿；二来，过高的分贝，会吓着孩子，严重的还会造成孩子听觉障碍。

孩子的表达方式主要受父母影响。如果父母说话平和，那么孩子说话也会倾向于平和。相反，如果父母动不动就大声吼叫，孩子和别人交流时也会潜移默化地变成那个样子。

我自己就是一个很好的例子。小时候，父母动不动就在我面前吵架。长大后，我也不知不觉变得和他们一样，说话像吵架，声音很大。关键是我自己还意识不到这个问题，往往等到别人提醒，我才意识到问题的严重性。

父母对孩子的影响很重要。这种重要作用，在当下不会立即显现，等10年后、20年后，它才彰显。那时，想要调整就已经晚了，因为它已经刻在骨子里太久太久。

（4）尽量说普通话

不少家庭因为成员复杂，在交流时夹杂着多种语言。父母要注意，尽量说普通话，给孩子创造良好的语言环境。

所谓好的语言环境，就是除了少说脏话、粗话，语言也要统一。为了给孩子创造良好的语言环境，在孩子面前要尽量说普通话。除了统一语言，父母跟孩子说话时，也要注意语言的规范性。不少父母教孩子说话时，喜欢说叠词，把吃饭说成吃饭饭，睡觉说成睡觉觉。专家表示，父母最好不要这样做，这容易混淆孩子的语言系统。长期跟孩子这样说话，不易于孩子长大后的正常表达。

父母在教孩子说话时，不用害怕孩子听不懂，而对他“格外关照”。父母只需要按照正常的表达方式去教孩子就可以，孩子比我们想象的要聪明得多。

总之，父母要重视孩子的语言发展，充分利用孩子的语言敏感期，对他进行科学合理的语言训练。在对的时间做对的事，可以起到事半功倍的效果。

5. 一言不合就撒泼打闹——孩子在表达愿望

我了解到，几乎所有的孩子都比较“任性”，遇到不开心的事就会哭闹，我的孩子也是一样。比如在买玩具方面，他总是不满足，甚至在商店看到跟家里一模一样的玩具都要买。我通常是拒绝的，孩子通常也会用一

哭二闹的形式向我表示反抗。刚开始的时候，孩子在类似的事情上会比较难缠，但是当我加以引导之后，孩子就不会再那样"一言不合就哭闹"。

我们要了解孩子"哭闹"的用意，以及他的真实内心感受和想法。为什么孩子会有这样的表现？主要原因是，这个阶段的孩子，以自我为中心，没有清晰的边界意识，以为万事万物都围着自己转，任由自己主宰。所以，一旦他的意愿得不到满足，就会失控。面对这种失控，他无力把控，只能把不满的情绪宣泄到父母身上。归根到底，孩子哭闹，不是因为坏，而是因为孩子觉得哭闹会让他拥有对父母或大人的控制权，并且能达到自己的目的。

这种行为，如果放任不管，通常会带来三种后果：

（1）孩子以后遇到事情，会延续哭闹的行为

不要低估孩子的智商，他虽小，却是个机灵鬼。一旦孩子发现哭闹可以快速达到某种目的，就会一直延续这种行为。

美国著名心理学家斯金纳做过这样一个实验：将一只饥饿的小白鼠放入箱子。箱子里安装了一个小杠杆。只要小白鼠压动小杠杆，就会有食物掉落。开始的时候，小白鼠无意中压到杠杆，吃到了食物。反复几次之后，它就会持续地按压杠杆，获得食物，直到吃饱为止。

喜欢撒泼哭闹的孩子就像实验中的小白鼠，开始并不知道哭闹可以获得父母的优待。偶然的一次尝到甜头后，孩子就会不厌其烦地行使这种权利。久而久之，孩子就会形成想要某物品就哭泣的习惯。

（2）孩子变得越来越自私

如果父母在孩子撒泼哭闹的时候，变法子的去满足他的需求，他就会理所应当地认为，父母有义务满足自己的一切需求。久而久之，孩子就会

习惯。哪天父母做不到位了，他不但不感激父母的付出，还会埋怨父母。长此以往，孩子会变得越来越自私，一心只想着自己，不懂得感恩，为人冷血无情。

（3）想要的东西不会努力争取

如果孩子在小时候习惯性地得到父母的帮助，那么他离开了家和父母，就难以摆脱父母的羽翼。遇到事情，他就会迷恋于依赖别人来帮助自己。他的耐挫力、行动力都会变得很低。而且孩子长大后，也会变得很脆弱，经不起一丁点儿的打击。

如果孩子有上面的这几种倾向，父母要及时纠正。如何纠正，以下三种办法可以借鉴：

（1）身体力行地告诉孩子，哭闹没有用

育儿专家李玫瑾教授说，当孩子企图通过哭闹来达到某种目的时，父母要给予正确的引导。比如，孩子明明有很多小汽车玩具，但还是要买。此时，父母只需对孩子做一件事，把他抱起来，然后回家。随后，父母和他一对一共处一室，尽量只让一个人面对孩子，其他人不要理会他。这期间，父母不要做 4 件事，不要打他，不要骂他，不要说教，不要走开。

如果孩子继续闹，你就看着他闹。记住，不论他闹得多凶，不要哄他，不要心疼他，保持冷静，直到他停止哭闹为止。如此多训练几次，当孩子知道哭闹没用后，就不会再延续这种行为了。

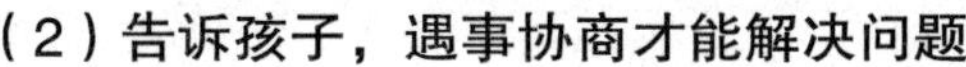

（2）告诉孩子，遇事协商才能解决问题

孩子停止哭闹后，父母要趁机告诉他：“以后有什么要求，要好好地跟我说。如果你能够说服我，我就会考虑你的要求。”这样一来，孩子就愿意跟你交流了。

对孩子提出的要求，李玫瑾教授建议，不要每次都答应。具体遵循什么原则，最好是三比一，每三次满足他一次。通过这种方式让他知道，交流有用，但并不是每次都能如愿。

如果父母用这种方式训练孩子，孩子就会渐渐明白，遇到事情哭闹没有用，商量才有可能解决问题。

（3）没有人有义务满足你的欲望

等孩子大一些的时候，父母要鼓励他做一些力所能及的事情。比如扫地、洗碗、擦桌子等，并且给他适当的物质奖励。下次孩子想要买玩具的时候，只给他一部分的钱，剩下的另一部分，让他自己想办法。

如果孩子不理解，你可以暗示他，可以从压岁钱里支取部分资金，或者让孩子多做家务赚取外快。父母通过这种方式，间接地告诉孩子，自己想要的东西就要自己争取。在父母的言传身教之下，孩子会养成吃苦耐劳的精神，同时也树立了正确的人生观，两全其美。

0–6 岁的孩子，他的许多行为都是天性使然，刁蛮任性，毫无章法。父母既不能一味地顺从孩子，也不能一味地训斥、打骂、威胁孩子。不当的教育方式只会把孩子带向另一个极端。

父母要想培养孩子健全的人格，就要对孩子的不当行为给予正确地引导，耐心地教育。只有教育方法科学得当，孩子才可以成长为一个健康、懂事、与人为善的好孩子。

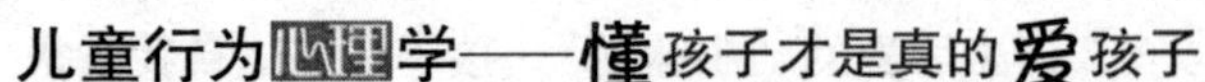

6. 总是把东西倒来倒去——动作敏感期的典型表现

熊熊妈告诉我，熊熊玩卡车玩具能玩大半天。一个简单的玩具，他能颠来倒去地玩好久。平时你递给他其他东西也是如此。只要是能玩的东西，他就可以没完没了地玩下去。儿子怪异的举动让熊熊妈觉得害怕，担心儿子是不是脑子有毛病。

显然，熊熊妈的担心是多余的。熊熊的情况是动作敏感期的典型表现。常见的例子是，当我们把手放到孩子的手里时，他就会紧紧地抓住不放。把奶嘴靠近他的嘴巴，他就立马转头吮吸。再大一些时，他会通过更多的动作来完成自我表达。就像案例中的熊熊，一个卡车玩具也能倒腾来倒腾去得玩半天。

关于孩子的动作敏感期，专家这样表述，孩子在一岁半左右，身体会自发地通过一系列的动作训练来强化手脚的协调能力和灵敏度。需要特别说明的是，这个过程，不仅让孩子的行动能力和自理能力得到快速提高，也促使孩子智力发育得到快速发展。因为手的神经连接着大脑的神经，手的运动量越多，大脑受到的刺激就越多，发育也就更快。与此同时，大脑的快速发育反过来也会促进手部灵活度与协调能力的提升。两者相互影响，彼此促进。

由此看来，动作敏感期是孩子身体发育以及大脑发育的共同需要。所以当父母看到孩子总是把东西倒腾来倒腾去时，不要过于担心。给孩子空

间，让他自由地玩耍，同时要注意以下几点：

（1）切记因为孩子的行为给家里带来麻烦而制止

孩子进入动作敏感期，这意味着，孩子的行动比以往更灵活，也更难以管教。只要稍微不留神，孩子下一秒就可能把整齐的物品弄得一团糟。面对孩子这样的举动，不少父母感到很崩溃。只要孩子做了类似的事情，他们就会痛斥孩子。

如果你曾经有过这样的举动，从现在起就停止这样做。这是孩子探索阶段特有的行为。你不管多么生气，一定要克制自己，避免对孩子大吼大叫，甚至打骂。成长期的孩子，既敏感又脆弱。一句过分的话，就可能给他的心灵带来极大的伤害，并且这种伤害是很难修复的。因此，父母要注意自己的言行，不要动不动就对孩子打骂、责备。

（2）为孩子提供动手的机会，开发孩子的智力

孩子进入动作敏感期后，父母要科学地、有针对性地对孩子进行训练。例如，进入爬行敏感期时，孩子喜欢在地上爬，我们就可以在他面前放一个可以滚动的物体。当孩子靠近物体时，我们就把物体往前挪。通过这样的游戏，来训练孩子的手脚协调能力。

同样，孩子进入抓取敏感期时，我们就给他提供动手的机会。我们可以让孩子玩拼图、搭积木、数珠子，通过摆、插、拿等各种动作来操作玩具，在训练孩子手部灵活性的同时，还可以开发孩子的智力。

（3）切忌把孩子扔在一边，让他自顾自地玩耍

孩子进入动作敏感期后，不管是行动力还是抓取力都特别灵敏。你一不留神，孩子就可能逃离你的视线，出现在你不知道的地方。

孩子手脚灵活，预示着他的身体得到了极快的成长。这是件好事。不过，背后也隐藏着危险。新闻里，孩子趁爸妈不注意，溜到阳台边，结果掉下楼的悲剧不在少数。所以，当孩子的行走能力或者攀爬能力变强时，父母要加强对他的关注。

平时，尽量不要离开孩子，让他单独待着。有些危险，虽然父母已经多次告诫孩子，但是孩子出于好奇心理，以及初生牛犊不怕虎的心态，还是会偷偷地去尝试。这时，如果大人不在身边，孩子一旦出现意外，后果就不堪设想。为孩子的安全着想，对于有行动能力的孩子，父母要 24 小时陪在身边。

（4）给孩子自由，但要注意孩子的安全

处于动作敏感期的孩子，难免会好动。父母千万不能因为担心他出事，就限制他的活动，这个不能做，那个不允许。一旦这么做，孩子不仅会失去探索世界的机会，运动能力也得不到锻炼。

孩子处于敏感期，父母既不能对他放任不管，也不能限制他的行动。那么父母要怎么做呢？以下两种办法可以借鉴：

（1）给孩子打造特定的活动区域

为了同时满足孩子娱乐与安全的需求，父母可以给孩子打造特定的活动区域。在这个区域里，应该避免出现容易伤害孩子的利器、坚硬物体。此外，容易被孩子吞噬的玻璃珠，容易钻进孩子鼻腔引起窒息的小型颗粒物，也要清理掉。只留下与孩子玩耍有关的东西。

当然，地面也要注意铺设防滑垫子。如果孩子初学行走，容易摔倒，父母还可以事先让他戴上护膝、护肘等安全护具。

（2）时刻留意孩子的行为

孩子在玩耍时，父母要在旁边看着，避免孩子摔伤。必要的时候，父母还可以和孩子一起玩耍。这不仅有利促进亲子之间的情感，还可以提升孩子玩游戏的兴致。

孩子进入动作敏感期，总是把东西倒腾来倒腾去。这是他探索世界、感知世界的一种方式。父母在这个时期要尽可能地为孩子创造条件，满足他的探索需要。同时，父母要做好孩子的安全工作。在孩子运动时，父母要注意观察他的表情、动作，以便及时发现孩子的潜在心理，并对他做出应有的安抚和引导。

父母是孩子成长的引路人。父母用什么样的方式教育孩子，孩子最终就会成为什么样的人。所以，想要孩子健康成长，父母要摆正心态，做一个合格的父母。

7. 孩子喜欢涂抹——是想象力发展的正常表现

我相信，很多孩子跟我家的孩子有着同样的“癖好”，喜欢涂抹。不理解孩子的家长都会对此深恶痛绝，甚至网上还有个词专门形容这类孩子的，叫熊孩子。

我家孩子“熊”到什么地步呢？我给他买的画笔，没有一支是完好无损的，餐桌、沙发、墙壁，凡是能画的地方都被他画过。特别是当你发现

墙壁被画得乱七八糟的时候，他还拿着画笔乐呵呵地冲你笑，仿佛在炫耀他的“力作”。看到这一面，你真是哭笑不得。脾气不好的家长都能猛揍一顿熊孩子。

我试过很多办法，来改变孩子乱画的习惯。刚开始，我跟孩子讲道理，明确地告诉他那些不能画画的地方。我指着被画得乱七八糟的墙跟孩子说：“宝贝，这是墙，知道吗？墙上不能有别的颜色。有别的颜色不好看。以后我们不在墙上乱画，好不好？”孩子听了，一脸的茫然，对我点头说：“好！”

过了两天，孩子又在墙上画画了。我先前对孩子的引导宣告失败。我开始觉得茫然，不知如何是好。鬼主意很多的老公跟我说：“要不我们把画笔藏起来吧，这样他就没有画笔画了。”

我听老公的，把孩子的画笔藏了起来。但是更让人悲催事情发生了。这一回，孩子不用画笔画了，开始拿了一根筷子在墙上胡乱地划。孩子划完还跑到跟前告诉我：“妈妈，你看，我画了个小鸟！”

我跑到卧室一看，彻底气炸了。好端端的墙面被孩子划出了一道道痕迹。但是看着孩子那无辜的眼神，我心中的那股气不得不憋回去。我蹲下来问孩子：“宝贝，妈妈不是说不能在墙上画画吗？你怎么又在墙上画画了？你看这墙面，弄得好难看啊。”谁知孩子却很无辜地说：“妈妈，小鸟很好看，你看。”

对此，我真的无可奈何，心想孩子怎么老是跟我对着干？当感到无助的时候，我开始翻阅大量的育儿书籍。我试图从书中找到能制止孩子胡乱涂抹的好办法。通过大量的阅读，最后我惊奇地发现，胡乱涂抹，这是孩子特定时期的正常表现。孩子当然不是有意地跟父母对着干。他只是在表达自我。

涂鸦是每个0–6岁的孩子身心发展所必须经历的阶段。它不仅能够锻炼孩子的大脑和手指，还可以帮助孩子更好地认知世界、表达自我，提升想象力和创造力。所以，孩子胡乱涂抹其实是有好处的。相反，父母强制制止孩子涂抹的习惯，其实是在扼杀孩子的天性，遏制孩子的想象力和创造力。

但是，孩子整天在家里到处涂鸦也不是个办法，家里能有多少墙让孩子这么破坏呢？所以，我们需要正确地引导孩子。接下来，我将分享我是如何引导孩子的涂鸦行为的。

育儿经

（1）给孩子很多的鼓励和认可

对于孩子喜欢涂鸦的“小癖好”，父母应该给予鼓励。比如，告诉他：“孩子，你画得真棒！爸爸妈妈很喜欢。”这样有助于发展孩子的想象力和创造力。

是的，孩子虽小，但他一样需要大人的鼓励。一旦自己的行为得到父母的肯定，孩子通常会表现得更有激情，更有动力。一个小小的肯定，既可以增加父母与孩子之间的感情，还可以很好地保护孩子的想象力，两全其美。

如果家长蛮横地制止孩子涂鸦，孩子就会因此变得自卑。我隔壁家的孩子正是如此。邻居孩子的父母总是反对孩子涂鸦，画一次骂一次。久而久之，孩子变得内向、暴躁，甚至故意破坏，孩子出现了叛逆的倾向。他

知道大人不喜欢自己涂鸦，便故意拿小刀把墙面刻出一道道的痕迹。一旦孩子有这种破坏和叛逆倾向，父母就比较难以教育和引导了。所以家长千万不要强制阻止孩子涂抹，消灭孩子“爱画画”的天性。不管他用什么方式画画，家长首先要做的是认可和赞许孩子的“画作”。

（2）给孩子创造一个良好的画画环境

当然，即便孩子爱画画，也不能让孩子随意地在墙上乱涂乱画。这样会对房子的整体美观产生不好的影响。那么怎样做才可以既鼓励孩子画画，又不让他破坏墙面呢？

其实，父母应该尽自己所能地给孩子创造一个画画的好环境。孩子喜欢乱涂乱画，是因为他们没有特定的画画环境。如果父母给孩子提供一个属于他的小画室，告诉他不可以在别的地方乱画。那是一个很不好的行为。孩子会听从劝告的。

你想过为何孩子不听你的话吗？因为你只是为了制止孩子而训斥孩子。你虽然制止了孩子，但是孩子爱画画的冲动却没有得到很好的释放，不利于孩子的成长。就像厨师给你端来一锅鸡汤，却从来不给你汤勺一样，让你无法品尝鸡汤的美味。孩子因为无法体验到画画的快乐，自然也就听不进去你的话。

所以，父母在制止孩子涂抹时，还要给予他们解决问题的办法，而不是一味地指责。只要你放下长辈的身份，和孩子实现平等地沟通，尊重孩子，他就会感受到你的诚意，也更乐于接纳你的意见。

（3）加入孩子的绘画世界

仅仅是给孩子创造一个良好的绘画环境，还不是最好的育儿方式。父母的陪伴才是最有效的。如果时间和精力允许，父母应该加入孩子的阵营，和他们一起描绘五彩斑斓的世界。

你知道，孩子每次在墙上画完都会告诉家长。其实他并非要故意气你，而是想向你分享他的作品。他除了希望得到你的赞赏，还希望你加入其中，跟他一起绘画。

如果你加入到孩子的绘画世界，他会更加专注于绘画，而且会更加享受绘画给他带来的乐趣。只要有了乐趣，他就会对绘画产生好感。这是引导孩子专注某一领域，以及引导孩子多一个爱好的最好方法。

8. 喜欢玩弄私处——性意识觉醒

一个星期天，我带妞妞到小区的游乐场去玩。我突然听到不远处有个孩子在伤心地哭。随后耳边传来妈妈对孩子的呵斥声：“我告诉过你，不能这样做，你怎么就是不听？”沉默片刻，妈妈又接着说：“你太让我丢脸了。下次我再也不带你出来玩了。”

经过打听，我了解了事情的原委：原来孩子在骑石马的过程中，故意扭动身体。旁人看不出来，但是当妈的很清楚，孩子在干坏事呢——通过生殖器与石马的摩擦来获得快感。

孩子在家里也做过类似的游戏。这位妈妈以为，孩子在外头会有所收敛。但是，她错了。孩子即使到了外面，当着众人也没有克制自己的天性。妈妈看到很后恼火，拉住孩子就狠狠地朝屁股上扇了几巴掌。孩子疼得哭了起来。

相信其他家长也遇到过这类事情。其实，家长不必惊慌，这是孩子性

意识的觉醒，是成长过程常出现的一种情况。比如，男孩喜欢伸手去玩弄阴茎，女孩喜欢伸手去摸外阴。一些调皮的孩子还会把私处放在石马、凳子、玩具等物体上进行摩擦，来获得快感。

对于孩子的这类做法，弗洛伊德认为，这是孩子的一种需求。和大人一样，孩子也有性欲。性欲和食欲一样，是人类的本能，这种本能存在于人的各个年龄段。不过孩子的性欲有别于成人的性欲。孩子的性欲是无意识的、不稳定的，甚至是盲目的。随着孩子的逐渐成长，这种行为会慢慢消失，不会对孩子之后的生活造成任何影响。玩弄阴茎，手摸外阴，对孩子而言，不过是一种性游戏而已，和其他游戏没有什么差别。所以父母看到孩子类似的行为，不要呵斥，也不要打骂，要给予理解。父母要通过耐心地讲解，让孩子对自身的器官有进一步的认识。那么，在教育孩子的过程，父母怎样引导孩子呢？以下几种做法可以借鉴：

（1）告诉孩子，要学会保护私处

看到孩子玩弄生殖器，不少父母通过恐吓或者责骂来阻止孩子。这种处理方式虽然可以起到立竿见影的效果，但是会对孩子造成深深的伤害，容易导致孩子形成怯懦、敏感、自卑的个性，严重的还会造成孩子心理创伤。很多孩子长大后，觉得性是肮脏的、不光彩的，就是源自小时候父母不当的性教育。

那么，父母怎样对孩子进行性教育呢？父母可以告诉孩子，那是一个

人最珍贵，也最脆弱的地方。要好好地保护它。可以偶尔摸一摸，但是不能经常去玩它。

“如果玩多了，它会坏掉的。如果坏掉的话，你就不能小便了。”父母在对孩子进行性教育时，尽量用孩子能听懂的语言，让孩子明白，过多地玩弄私处是一件伤害身体的事。

有新闻报道：一个6岁的小女孩把玻璃珠塞进了自己的阴部，结果被送进了医院。这就是父母对孩子性教育的缺失造成的。当孩子玩弄私处时，父母既不能让他一味克制，也不能对他放任不管。孩子对自己的身体还没有清晰的认识，很容易做出错误的举动，父母要给予正确的引导。

（2）不要玩弄孩子的私处

每个人的身上都有一些特别的部位，例如肛门、乳头、生殖器、耳郭等，对刺激比较敏感。如果这些地方经常受到外力的刺激，就会产生一种微妙的快感。久而久之，大脑会对这种感觉形成依赖。

有些大人出于捉弄孩子的心理，喜欢去逗弄孩子的生殖器。这种做法很容易引起孩子的模仿。当没有人去逗弄孩子时，孩子出于对快感的渴求，就会自己玩生殖器。时间久了，孩子会形成经常抚弄生殖器的习惯。

（3）做好孩子的私密清洁工作

私处因为承担身体排泄的任务，很容易积攒一些污垢，这些污垢容易滋生细菌。如果上完厕所私处擦拭不干净，细菌会在私处滋生，造成瘙痒。有时候孩子用手摸私处，不是因为喜欢，而是痒。大人也会遇到私处瘙痒的情况。连大人都很难忍受，何况是孩子。

如果孩子有摸私处的习惯，不要打骂孩子。你要询问孩子，是否私处瘙痒，私处是否清洁做得不到位。如果是，要给他涂抹一些止痒药，并且

嘱咐孩子做好私处的清洁工作。

孩子在成长过程中，难免有表达困难的时候。父母要通过观察孩子的细微表情、异常举动去了解他的内心，进而采取有效的教育和引导措施，帮助孩子克服困难，解决问题。

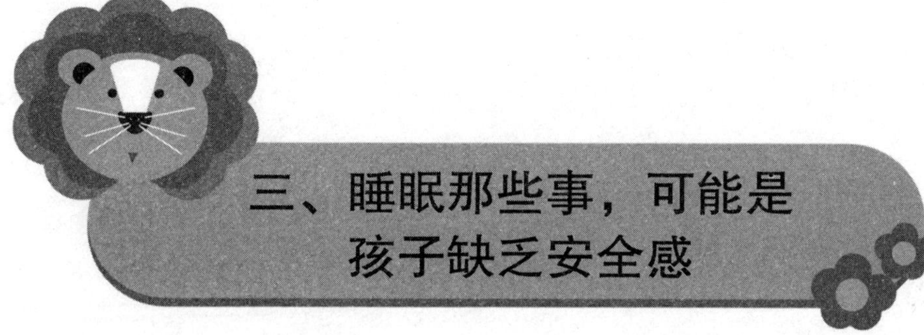

三、睡眠那些事，可能是孩子缺乏安全感

孩子胆子小，遇到了陌生事物，很容易恐惧。孩子到了晚上不想睡觉，家长首先要反思，孩子是不是没有感觉到累，或是某种心理原因而不愿意入睡。

当孩子不想睡觉时，家长不要总是试图说服孩子上床睡觉。这会让孩子产生强烈的抗拒心理。家长应该尊重孩子的意愿，首先询问孩子晚上不想睡觉的原因，这样才能从源头上解决问题，有效提高孩子的睡眠质量。

1. 不敢一个人睡——分离焦虑期的正常表现

我家孩子刚满 3 岁的时候，孩子爸爸认为，男孩子要从小养成独立的习惯，长大后才能成为一个顶天立地的男子汉。于是孩子爸爸开始和孩子商量分房睡的事情。可是不管我们怎么说，孩子都死活不肯自己睡。孩子爸爸在几次劝说失败后，气不打一处来，一狠心把孩子扔到了小卧室。不管孩子怎么哭闹，孩子爸爸都不让孩子进我们的卧室。结果第二天早上一看，孩子居然趴在卧室门口睡了一晚上，眼睛哭得又红又肿，像个核桃。更糟糕的是，因为孩子睡觉时着凉了，引起了很严重的感冒。看到孩子病恹恹的样子，我们是又着急又心疼，只能先将分房睡的事情放一放。

在医院，我把情况跟医生说了，才知道孩子很害怕和父母分开睡觉，主要是因为他们处在“分离焦虑期”。

从孩子身心发展的角度看，孩子在 4 岁之前正是心理发展的时期，绝大多数时候都需要父母的陪伴。心理学把这段时期叫作“分离焦虑期”。其特征是当孩子与亲人分离或离开熟悉的环境时，表现出过度的焦虑，过分地害怕独处。有的孩子还会出现躯体的不良反应，如恶心、呕吐等。

分离性焦虑是儿童最常见的焦虑障碍。孩子与亲人分开时，会产生焦虑、不安、难过等情绪。在这段时间内，孩子往往会变得特别粘人。如果孩子出现分离性焦虑，对今后的心理健康，甚至对成年后的生活都会造成一定的影响。

产生分离焦虑的原因有很多。孩子虽然三四岁了，但是对家长依旧十分依赖。孩子认为，只有在爸爸妈妈的身边睡觉才是最安全的。一旦分房睡，孩子就不得不独自睡在一个房间。这对习惯了父母陪伴睡觉的孩子来说，会感到孤独和不适。

孩子为什么不愿意自己睡呢？通常孩子会有以下几种原因：

（1）孩子以为爸爸妈妈不爱自己了

当父母要求孩子一个人睡时，他的第一感觉可能就是，父母是不是不爱自己了。孩子的心里很难受，也很难理解一直那么疼爱自己的父母为什么不愿和他一起睡。这可能会引起孩子的反抗心理，导致孩子不愿自己睡。

（2）孩子一个人没有安全感

孩子的心理承受能力毕竟有限，容易缺乏安全感。孩子和父母在一起睡习惯了，突然一个人待在一个房间里，周围的环境发生变化，夜晚时黑暗笼罩，这些都会让孩子感到恐惧。

（3）孩子可能受到过惊吓

如果白天孩子受了惊吓，晚上就会变得烦躁不安，哭闹不停。这时父母若让孩子一个人睡，他会闹得更厉害。这就会更为加重他的恐惧心理，不敢一个人睡。

孩子幼小的心灵容易受到伤害。孩子和父母睡是一种自我保护意识，父母要对此给予理解。但是父母也不能一味地迁就孩子。因为随着孩子的慢慢长大，分房睡是锻炼孩子独立性的重要一步。如果孩子一直和家长一起睡，对孩子的成长肯定会有一定的影响。

首先，孩子会缺乏独立意识。

孩子的独立性从小就要培养。长期不分房睡，孩子会对父母越来越依

赖。而且，孩子的动手机会也会少很多。比如，不需自己收拾床单，甚至不需自己穿衣。长此以往，孩子就会缺乏独立的能力。相应的，孩子也会失去勇气，做事没有魄力，畏畏缩缩。

其次，孩子的自信心不强。

不分房睡的孩子喜欢天天粘着父母，时时处处依靠父母的保护，自我保护能力差，主要表现为：没有安全感，适应能力弱，自信心不强等。孩子长大后终究要独自走向社会，独自面对风雨。孩子若没有足够的自信，在社会很难立足，也很难有所成就。

最后，孩子可能有心理疾病。

孩子若长期与父母同床，可能会有严重的恋父或恋母情结。如果父母的亲密行为被孩子看到，也会导致孩子产生性早熟。这些心理疾病对孩子的身心成长会有很大的影响，比如会影响孩子的感情观、择偶观等。

分房睡不是小事。父母爱孩子就要为孩子考虑，不要因为分房过迟给孩子的成长造成影响。为了能让孩子顺利安心地分房睡，父母首先要了解孩子，尽量满足孩子分房睡的各种条件，让孩子在心理上能平和地接受分房睡的建议。以下几种方法可供借鉴：

育儿经

（1）父母和孩子及时沟通

孩子不愿意分房睡，很可能是因为不明白爸爸妈妈为什么要这么做，或者误认为“爸爸妈妈不要自己了”。孩子有一定的理解能力。此时，父母可以这样和孩子解释:“你现在已经长大了。你长大了就能有自己的东西。你看，你学会了吃饭，就有了自己的碗筷。你学会了洗脸，就有了自己的小毛巾。现在，你可以自己睡觉了，就可以拥有自己的房间了。”当孩子明白了为什么要分房睡和分房睡的好处时，再加上父母的正确引导，自然就会慢慢地适应了分房睡。

(2)让孩子参与房间的布置

另外，我们要让孩子参与房间的布置。比如房间的墙纸、窗帘由孩子挑选自己喜欢颜色和图案，小床、书桌等家具也让孩子自己去选样式、颜色。房间如何布局、装修风格如何，都要与孩子商量，听听孩子的想法。这样做，能让孩子产生归属感，更加喜欢自己的新房间。

(3)逐步过渡，给孩子适应的时间

如果孩子习惯了与父母同房睡觉，不要突然地让孩子分房睡，否则孩子会难以适从。父母要提前告知，给孩子一个心理缓冲期。至少提前 3 个月告诉孩子将要分房睡，让孩子做好分房睡的心理准备。

例如，父母在决定分房睡觉前，可以先带孩子认识一下自己的卧室，可以让孩子多待在房间里玩游戏、做作业、看书，让孩子在游戏和学习中逐渐熟悉环境，然后再分房睡。这样做能有效地避免因为陌生环境而带来的不适。此外，家长平时可有意无意地向孩子提起，这是他的小房间，让孩子自然地接受分房睡。

2. 胆小怕黑—— 孩子的 " 泛灵心理 " 在作祟

刘女士的孩子今年 7 岁，是小学二年级的学生。有一天晚上同事起床喝水，看到儿子房间的灯还亮着。刘女士想，孩子是不是偷偷拿走手机在打游戏。

刘女士推开房门看到儿子睡得很香，心想儿子可能忘了关灯。刘女士便顺手把灯给关了。谁知刘女士喝口水的功夫，儿子就醒了，走出门口直勾勾地看着刘女士。然后儿子突然松了一口气，说道："妈妈，是你啊，我还以为是谁呢!"

刘女士疑惑地看着儿子，问道："怎么了？你以为家里进贼了？"儿子连忙摇头，支支吾吾地说道："以为是鬼呢。"

刘女士笑着说："怎么了，原来晚上睡觉不关灯，你是怕鬼啊。"儿子委屈巴巴地看着刘女士，说："不怕！"然后啪的一声关上了门。

刘女士后来认真地询问儿子，才知道孩子是真的怕鬼。如果不开灯，孩子就非常没有安全感，总会觉得身边有人。很多家长都遇到过孩子不愿意独自睡觉的情况，其中很常见的原因就是孩子怕黑。其实这是一种泛灵心理在作怪。

瑞士的著名心理学家皮亚杰认为，幼儿期的孩子，特别是三四岁的孩子普遍存在着一种泛灵心理。泛灵心理，就是把所有事物都视为有生命和有意向的东西的一种心理倾向。比如孩子会跟布娃娃讲话，照顾布娃娃的

起居。

幼儿期的孩子有了一定的观察能力，可以从环境中学习。比如绘本、动画片或者父母讲的故事都会给孩子留下很深的印象。孩子不断积累的对外界的认识也是促使泛灵心理产生的原因之一。

泛灵心理使得孩子认为周围的一切都具有生命。当孩子怕黑时，泛灵心理不仅可以使孩子与布娃娃聊天，还会让孩子认为，黑暗中这些有生命的物品会攻击和伤害自己。因此，孩子不敢独处。

孩子不习惯处于黑暗的环境，这也使得泛灵心理放大了孩子对黑暗的恐惧。当孩子赋予黑暗很多含义的时候，比如黑暗中隐藏着巨大的怪兽等，这种基于不理解而产生的丰富想象，使得泛灵心理与恐惧相关联，并且使得恐惧被放大数倍，最终导致孩子因害怕而无法入睡。

仅仅是因为孩子怕黑，父母就放弃了让孩子分房睡，这并非是很好的解决办法。只有到导致孩子怕黑的根本原因，然后有效地解决这个问题是很有必要的。有些家长会认为，孩子怕黑、怕鬼是缺乏安全感。其实并不完全如此。那么孩子缺乏安全感会有怎样的表现呢？

（1）过分地依赖父母

很多孩子喜欢黏着妈妈，当被迫与妈妈分离时，就会表现得很不安、焦虑。这种依赖心理反映出了孩子的安全感缺失，所以家长在必须要离开的时候不要突然消失，否则会让孩子陷入恐慌。

（2）遇到不熟悉的人会很害羞

很多家长会让孩子和不熟悉的人打招呼。有的孩子就会表现得很不配合，甚至还会因此哭闹。这种过于羞涩的表现源于孩子受到了不熟悉的外界刺激，导致孩子内心缺少安全感。

（3）具有一定的攻击性行为

有些孩子在与同伴相处时会有暴力倾向，特别是当负面情绪产生时，喜欢用攻击性的方式来解决问题。虽然表面上看孩子的行为强势暴躁，但是实际上孩子的内心极其缺乏安全感。

可见孩子缺乏安全感并非只是表现为怕黑。家长在对孩子的行为表现进行分析时，要结合孩子的生长发育阶段，多注重观察孩子内心的真实状态，进行恰当有效的干预。

对于孩子怕黑，家长可以采取以下几种方式进行正确引导：

（1）千万不要给孩子贴上胆小鬼的标签

孩子怕黑，父母的第一反应就是孩子胆小，甚至会因此笑话、训斥孩子。这样做根本无法让孩子勇敢地面对黑暗。父母教育孩子，一定要重视心理暗示的作用。给孩子上胆小鬼的贴标签，就是一种很强的心理暗示，这会使得孩子真的会按照标签做出同样的行为，结果便是孩子越来越胆小，越来越怕黑。所以家长不要盲目地给孩子贴标签。

（2）跟孩子聊一聊，他到底怕什么

只有孩子说出对事物的恐惧，父母才能更好地帮助孩子。孩子遇到任何害怕的事情都可以和父母讲，而不是独自承受。只有这样，才有利于孩子的成长。如果孩子不愿意和父母沟通，一旦造成问题的积累，就会增加问题解决的难度。这时父母要告诉孩子，很多东西只要我们对它有了充分的了解，就不会再感到害怕。一般孩子在说出自己恐惧的东西时会感觉很为难，担心被嘲笑。此时父母可以鼓励孩子，拥抱或者抚摸孩子，用肢体语言给孩子带去安全感。

（3）父母和孩子一起探索黑暗的美好

每当夜晚来临的时候，父母可以陪着孩子看一看星星和月亮。这些美丽的景色只在夜晚才会出现。让孩子了解到了夜晚的美丽，慢慢地就不会再害怕黑暗了。

（4）尽量让孩子少接触恐怖元素

当父母看电视、电影的时候，要考虑一下孩子是否合适一起看。如果情节过于恐怖，不适合孩子看，最好就等孩子休息后再看。

家长通过这些简单的方式，可以慢慢地消除孩子对黑暗的恐惧。但是，对于幼小的孩子而言，父母多陪伴孩子，才是解决问题最快捷的方式。

3. 不肯入睡——孩子珍惜父母的陪伴

孩子以前都是 9 点多上床，最晚 10 点就睡了。前一段时间，我出差。晚上，孩子爸爸给他讲故事，陪他入睡。可是孩子上床后要折腾到 11 点才入睡。我出差回来后，孩子还是晚上不愿意睡，一直拖到很晚。

我和孩子爸爸都是习惯早睡。但是 3–4 岁的孩子，身体机能处在发育期，精力比大人旺盛。而且我们白天忙工作，下班吃过晚饭后，孩子习惯于要我们陪伴。睡觉前，我们会给他讲故事。一般都是我讲，我不在或者忙的时候，才是孩子爸爸讲。有时候我们都忙，他就会等我们忙完再给他

讲故事才肯入睡。

那段时间我以为孩子是喜欢听故事，不听故事就睡不着。后来我观察了两天，第一天讲故事时，他很快就睡着了。第二天我没有讲故事，问他为什么最近那么晚才睡觉？他回答说，他想和爸爸妈妈在一起。我才发现，他晚睡是想要爸爸妈妈多陪伴自己一会儿。他不睡觉，是因为舍不得爸爸妈妈离开。

其实，很多时候孩子不睡觉不是生理和身体上的问题，而是因为他们想要爸爸妈妈给自己多一些的陪伴。如果父母没有注意到孩子的这种心理需求，孩子就会出现很晚不睡觉的情况。

睡眠对于孩子的生长和发育起着至关重要的作用。只有做到早睡早起才能确保孩子的健康成长。经常晚睡会对孩子的身心发展有很多的危害。主要危害表现在以下几个方面：

（1）晚睡影响孩子的身高

孩子所需要的绝大多数生长激素是在深睡眠状态时分泌的。晚上 10 点到深夜 1 点是生长激素分泌的高峰期。因此，孩子晚睡会影响生长激素的分泌，从而影响孩子的身高。

（2）导致孩子注意力不集中，记忆力下降。

有研究表明，从 2 岁幼儿期到 8 岁学龄期，晚睡的孩子出现注意力不集中的情况比早睡的孩子多出 62%。同时，晚睡会导致睡眠不足，影响孩子的精神状态，记忆力也会随之下降。

（3）晚睡损害孩子的心脏健康

孩子睡眠不足时，更容易表现出易怒、疲倦，甚至暴躁的情绪，因此产生过度压力反应 . 而且，越是晚睡，他们越是情绪亢奋。情绪亢奋会导致血压增高，呼吸和心跳加速，长时间晚睡，会增加患心脏疾病的概率。

父母怎么做才能让孩子早睡呢？以下几种做法可供借鉴：

育儿经

（1）养成良好的睡前习惯

孩子一般白天玩累了，到了六七点就会想睡觉。此时家长可能觉得早，不让孩子睡。于是，孩子就错过了最适合的睡眠时间。可是一旦错过了，孩子反而精神十足，很难入睡了。

这时父母不妨提前和孩子说："九点到了，需要睡觉了！我们先去刷牙洗脸。"然后让孩子抱着自己心爱的娃娃去睡觉。和孩子约定好每天睡前都应该做的事，时间久了孩子就会形成习惯，一到睡觉时间就会去刷牙洗脸，然后就去睡觉。培养孩子一种自主入睡的习惯，这样一来父母就不用过于操心孩子的睡觉问题。

（2）晚上不宜吃太饱或玩得过于兴奋

晚饭不宜让孩子吃得太饱，吃得太饱容易让胃难受，也不好消化。饭后可以适当地带孩子在室内走动，或者到楼下散步，或适度运动，既有助于食物消化，孩子也能睡个好觉。

睡前一小时或者半小时不要让孩子玩得过于兴奋。一旦孩子的情绪太亢奋就很难平静下来，就更加不容易入睡。睡觉前不要让孩子做躲猫猫或者追逐打闹的游戏，可以让孩子自己安静地玩一会儿，情绪平静时更容易入睡。

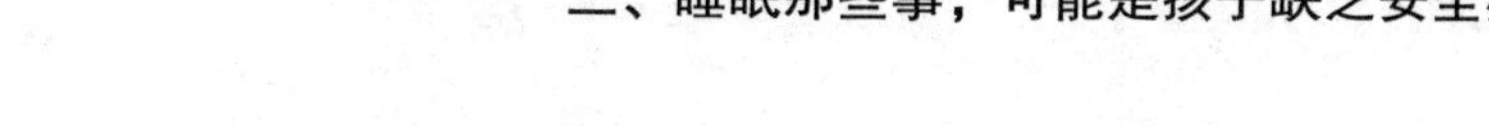

（3）营造舒适安静的睡觉环境

想让孩子安静地睡觉，父母首先要给孩子创造一个有益于睡觉的安静环境。睡觉时电视声音不能过大或者干脆关掉电视、手机，避免出现任何声音。家人如果不睡，一定要保持安静。妈妈在卧室陪着孩子，轻拍孩子的背，哼唱孩子比较喜欢的歌曲，哄孩子入睡。在安静舒适的环境里，孩子容易放松神经，有利于迅速入睡。

（4）睡前陪孩子阅读

孩子一岁起就可以给读绘本了。父母可以买一些中文或英文绘本，每晚睡前给孩子读绘本故事。一般孩子听着故事就会很快入睡。

为了孩子能早睡早起，有个好身体，为了孩子能开心快乐，身体健康的成长，父母要多抽点时间陪伴孩子。毕竟在孩子眼里，最重要的就是爸爸妈妈的陪伴。

4. 小便前，要问大人——尿床被责怪的后遗症

有一次我带孩子去超市买东西。一个老奶奶带着 4 岁的孙女在结账。老奶奶一直在和收银员说话，就没注意到孙女此时很想去上厕所。我就提醒老奶奶道：“你家孩子是不是想上厕所？你看，她一会儿蹲在地上，一会儿腿交叉站着，脸都憋红了。”老奶奶这才发现孙女在憋尿，于是赶紧带孩子去厕所，结果还没到厕所，孩子就尿裤子了。

老奶奶气得吼孩子：“你想上厕所，为什么不说呢？非要憋着，等尿裤子吗？我又不是不带你去厕所。”小女孩一句话也没说，一脸害怕和害羞地扯着自己的裤子。

儿童心理行为研究专家张翰君表示，孩子有憋尿行为，主要原因表现为两个方面：外在环境给孩子带来了影响；孩子宁愿尿裤子也憋尿不说。孩子憋尿主要有以下三种情况。

（1）害怕父母斥责

如果孩子没有及时主动地说小便，一些父母就会就会埋怨孩子，甚至斥责孩子。这样做只会让孩子更加害怕，即便是想小便也不敢说。但是，如果孩子憋不住，尿了裤子，父母就会埋怨和斥责孩子，这样会加深孩子的恐惧。从此，陷入了恶性循环。

（2）贪玩忘记上厕所

两三岁的孩子比较贪玩，一旦玩起来其他事情都顾不上。孩子因为贪玩，会故意憋尿或者忘记上厕所。但是随着孩子的年龄增长，这种现象会渐渐减少。

（3）环境改变不适应

环境的改变会给孩子带来心理上的压力。一些孩子憋尿是因为环境的改变。比如，出门在外，不愿上厕所，或者初入幼儿园，不愿意去厕所。有些孩子因为外面的厕所不卫生，而拒绝上厕所。

当孩子出现憋尿的问题，父母要耐心地教育、引导孩子，而且要注意态度和教育方式。以下几种做法可供借鉴：

育儿经

（1）忌责骂孩子

孩子因为憋尿而尿了裤子，父母不要埋怨和责骂孩子，否则孩子下次还是不敢说上厕所，会继续憋尿。父母要给孩子讲，尿到裤子里，非常不舒服。想上厕所，就要告诉父母或老师，不要憋着。只要让孩子放松心情，不再恐惧，就会逐渐改变憋尿的行为。

（2）及时发现孩子憋尿的征兆，适当地提醒孩子

要纠正孩子憋尿的行为，最重要的是及时发现孩子憋尿的征兆，从根本上入手，对孩子的憋尿行为进行改正。孩子开始憋尿时通常会坐立不安，甚至小脸会憋得通红，这往往是孩子开始憋尿的表现。此时，父母可以询问孩子，是不是想要上厕所。并且让孩子知道，如果想小便，就要及时寻找厕所，或者告诉父母自己想要小便。同时，父母切忌唠叨孩子。在孩子玩得高兴时，父母可以适当地提醒其及时上厕所，但是不要过于唠叨。否则会让孩子产生逆反心理。适当的提醒对于孩子来说，是有帮助的。尤其是孩子在玩得起劲时，很容易忽略上厕所这件事。

（3）对孩子进行相应的心理建设

很多孩子憋尿是因为缺乏安全感，或者在陌生环境中尿不出来，或者非常抵触小便。父母要对孩子进行相应的心理建设。例如，在外面的时候，父母可以询问孩子是否要上厕所，孩子可能因为害羞或者恐惧，非常抗拒上厕所。父母就要对孩子进行疏导，告诉孩子，父母在旁边陪伴，他不用感到紧张或者害怕。当孩子多次在外面上厕所以后，他的这种不安或者紧张情绪就逐渐消失了。

（4）让孩子养成及时排尿的好习惯

很多孩子憋尿只是因为沉迷于游戏或者电视，导致忘记去厕所。时间久了，孩子就养成了憋尿的习惯。父母应该做的，就是帮助孩子养成及时排尿的好习惯。特别是在孩子沉迷于做自己事情的时候，父母应该计算着时间，及时提醒孩子去厕所。通常在父母的帮助下，孩子经过一段时间的锻炼后，就能养成及时去厕所的良好习惯，不再会因为沉迷于某件事情，而忘记排尿。

（5）讲明憋尿的害处，适当地表扬孩子

有些孩子憋尿，是曾经因为上厕所被批评而出现了心理阴影或者心理障碍，宁愿憋着，也不想告诉父母或者被父母催促着尿尿。所以父母要温和地对待孩子，尊重孩子，同时对孩子及时上厕所给予适当的表扬。

父母要让孩子明白，上厕所是一件很自然的事情。相反，憋尿反而有害健康。比如，憋尿会加重肾脏负担。特别是女孩，憋尿会导致出现细菌感染。而且经常憋尿，会失去排尿感，进而出现膀胱颈梗阻，如排尿困难、尿液渗漏和尿失禁。严重的甚至会导致膀胱破裂。当孩子对及时上厕所有了一些正确认识后，就会逐渐改掉憋尿的行为。

5. 对小被子情有独钟——孩子睡前没有安全感

有一次，我带着 3 岁多的孩子去孩子爷爷家。当晚，在爷爷家睡觉的时候，孩子吵着要自己的小被子（孩子 8 个月时用的一个小被子）。爷爷觉得那个被子用得时间长了，不够柔软，就自作主张，给孙子换了新的小被子。但孩子却哭闹着要他那旧的小被子，一直不肯睡。最终磨不过孩子，爷爷只好又找出了那个旧被子。

此后，我发现孩子对这个旧被子格外在乎。有时候被子脏了要洗，为了能够让孩子晚上用，只好用吹风机吹干。孩子一换被子就不肯入睡，这让我伤透了脑筋。直觉告诉我，孩子是不是哪里不正常。我只好向医生求助。医生说，这是孩子的一种恋物症心理。孩子的生活里只有父母和玩具。如果父母不能够给孩子足够的陪伴，让孩子有安全感，那么他就会把注意力转移到其他地方，比如玩具或者常用的物品上。因此许多孩子都有一个像小被子这样的东西，从中寻找精神寄托和安全感。

胡萍曾在《善解童贞》中说："恋物症对于孩子来说，已经不仅仅是一个玩具、一块毛巾，而是他们适应这个新世界、新环境的情感拐杖。当孩子对环境的适应感觉心力不济的时候，会依靠依恋物来帮助自己适应新的环境，调整自己的情绪，稳定自己的心境。"

一般来说，6 个月到 3 岁的孩子容易产生依恋行为，尤其是在 2 岁的时候，这种行为更加强烈。如果这时候父母能够经常陪伴孩子，孩子就不会

产生恋物症心理。与之相反，如果父母忙于工作，无法经常陪伴孩子，孩子就容易将自己对父母的依恋转移到其他物品上，来克服内心的焦虑，形成恋物症心理。所以，孩子喜爱与自己朝夕相处的一件物品，这很正常。因为最熟悉的东西可以让孩子获得安全感。这种行为是孩子从依恋父母到自己独立的一种过渡行为，所以家长不需要过分担忧。

如果孩子过分依赖某种物品，父母应该怎么做呢？以下几种做法可供借鉴：

（1）戒不掉的可以让它自然消失

习惯对于成年人来说都很难在短时间内改变，何况是孩子。对于孩子来说，有时候某个物品可能真的是他心中最大的慰藉。就像我家孩子喜欢一个被子，总要盖着它才会睡觉。等孩子长大了，发现这个被子盖不了了，再给他替换。这种自然而然地替换，不会给孩子带来太多的心理负荷，也是孩子能接受的。所以父母如果短期内无法强制让孩子做出改变，就顺应自然，让孩子知道，并不是只有那些物品才是重要的，从而让孩子减少一些心理依赖。

（2）转移孩子的注意力

转移注意力是心理学上常用的一种方法。当你在心情极度低落或情绪波动比较大的时候，一般都会自我进行注意力转移法。这种方法同样适用于孩子。当孩子经常依赖某些东西，比如奶嘴时，可以用一些替代品把孩

子的注意力转移到别的地方。这样孩子对原来物品的依赖感也会稍稍减弱，自然而然地对新事物产生兴趣。

因此，父母带孩子时，应该充分考虑孩子的习性，多和孩子相处交流，要主动了解孩子的一举一动，让孩子明白你在关注他，而不是让他没有被关爱感。父母要多陪伴孩子，对孩子说过的话要说到做到。孩子只是不想失去这个 " 依赖 "，并不是不想拥有别的。

（3）给孩子足够的安全感

孩子喜欢依赖某个物品，许多时候不是这个物品有多好，而是他缺少安全感，而这个物品恰恰能给他带来安全感，抚慰他幼小的心灵。当父母对孩子的关爱和鼓励达到一定程度时，他也就自然抛弃这种依赖，转而依赖父母多一点。

在日常生活中，父母可以多拥抱、亲吻、爱抚孩子，坚定和清楚地对他表达爱，告诉他："爸爸妈妈最爱你"。充满爱意的抚触按摩会给孩子积累充足的安全感、爱和自信，为他们的健康成长打下坚实的基础。只有具有安全感的孩子才能学会怎样关心别人，怎样给别人带去爱和幸福。这样的孩子有责任心，对自己负责，对别人负责，在学习与工作中也会做得比较出众。

（4）培养孩子的社交能力

父母多让孩子和小伙伴玩耍，不仅可以培养人际交往能力，还可以让孩子走出恋物症心理。在与同龄人玩耍时，孩子的注意力可以从假想的"玩伴"上面转移开来，渐渐减少对依恋物的依赖。

父母是孩子最亲密的人，给了孩子足够的情感滋养，孩子才能安心地去探索更广阔的世界。随着孩子的成长，孩子会逐渐走出恋物症心理。所以，父母试着多去关爱和呵护你的孩子，也许他对物品的过度依赖只是为了填充没能从你那里得到的陪伴和爱。

6. 睡觉时喜欢手搭着父母——担心醒来找不到爸妈

一些孩子睡觉时有特殊的癖好，比如，一定要抱紧妈妈，或是抓着妈妈的手，才肯睡觉。对于孩子的这种行为家长感到很是困惑，生怕孩子是不是得了什么心理疾病。

我朋友有一个两岁半的小女孩。小女孩平时挺听话，也招人喜欢。由于孩子爸爸经常不在家，都是朋友带孩子。但是最近孩子有一个坏毛病，晚上总是要拽着朋友的衣服或者用手搭着妈妈才能睡。

我朋友感到很疑惑，而且孩子的这个习惯越来越严重，有的时候摸不到妈妈就会哭闹，不肯睡觉。朋友很担心以后要是自己不在家该怎么办，难道孩子就不睡了吗？我当时听了，很疑惑，孩子竟然会有这种表现。后来我发现多数孩子都有这样的行为，专业术语称其为“皮肤饥渴症”。孩子有“皮肤饥渴症”主要表现为：

（1）需要与父母有身体接触时才入睡

有些孩子需要父母握着他的手又或者轻轻拍背才能入睡。有些孩子会用手触碰父母，比如拽头发、揪耳朵、摸着脸或胸口、抱着手臂等。孩子只是想知道父母就在身边，从而获得安全感。只有这样孩子才能够放心地入睡。若孩子与父母分离，就会大哭大闹，不愿入睡。

（2）孩子吮吸手或其他东西

最普遍的现象是孩子喜欢吮吸手指，以此获得安全感。这也是孩子口欲期的一个表现。但是父母往往觉得孩子吮吸手指是不好的，因为手上有细菌。当父母强行不让孩子吮吸手指时，孩子就会哭。若是孩子还在熟睡中，会来回翻身，睡不安稳。还有的孩子会咬着被角或者枕头入睡，也是因为嘴巴得到了满足而获得了安全感。

（3）孩子喜欢抱着玩具。

孩子都喜欢各种玩具，比如毛绒公仔。这些玩具做得比较形象。在孩子看来，玩具就像朋友一样陪着孩子。孩子睡觉时喜欢抱着或抚摸着毛绒玩具入睡，就像妈妈陪伴一样。孩子对某些东西产生依赖后，就会经常接触这些东西以此来获得安全感。

“皮肤饥渴症”顾名思义就是孩子的身体肌肤的需求没有得到满足，没有足够的安全感。母亲在十月怀胎时，孩子的皮肤会受到羊水的轻抚。孩子出生后这样的刺激消失了。孩子肯定会寻找这样的感觉。导致孩子出现这种情况的原因主要有以下几个方面：

（1）对妈妈的依赖

当孩子还在妈妈肚子里时，就能听到妈妈的声音，感受到妈妈的心跳。孩子出生后闻到了妈妈的味道，甚至是亲眼见到了妈妈的样子。这些让孩子对于妈妈的依赖格外强烈，所以孩子睡觉醒来没有看到妈妈，就会哭闹。

（2）妈妈给孩子安全感

孩子出生后对这个陌生的世界充满了恐惧。妈妈能给孩子足够的安全感。特别是喂母乳的孩子和妈妈的感情会更深厚一些。母乳不仅可以给孩子充饥，还能安抚情绪。比如，孩子开心时跟着谁都可以，孩子哭闹时一定会找妈妈。

当孩子出现“皮肤饥渴症”时，家长千万不能忽视。如果父母无法消除孩子的“皮肤饥渴症”，就会出现下面的问题：

首先，孩子会越来越没有独立性。孩子总是要有父母陪伴才能睡着，这会使得孩子在成长过程中依赖感越来越强，导致孩子无法独立生活。孩子越无法独立生活，就越是表现出“皮肤饥饿症”的症状。然后父母不顾一切地满足孩子。最终形成恶性循环，只会让孩子无法独立生活。

其次，孩子耐挫力弱，变得敏感。有依赖心理的孩子害怕失败和挫折。在遇到困难和问题是，他会变得手足无措，选择退缩。对父母的依赖会使孩子不能独立，变得孤僻，进而变得非常敏感，无法融入集体生活。

父母怎样对待孩子的“皮肤饥渴症”，才能让孩子健康成长呢？以下几种方法可供借鉴：

（1）给孩子更多的陪伴

不管是上班还是在家，父母都要给孩子更多的陪伴。陪伴不只是待在孩子身边，还要与孩子交流。比如，孩子总也做不好学不会的时候，需要父母给予鼓励。当孩子做得好时需要父母的表扬和肯定。当孩子用热切、期待的眼神看向你时，正好能遇到你关爱、温柔的眼神。父母要用自己的

细心、耐心和专心让孩子感受到爱。

（2）多与孩子互动

父母要多参与孩子的活动。比如，周末陪孩子一起爬山、放风筝，相信会给孩子留下深刻的印象。父母用心地给孩子讲一本绘本，亲子关系也会因此更加亲密。孩子有了喜欢做的事情和故事书，就会减轻对父母的依赖，慢慢养成自己睡觉的习惯。

（3）不要总是训斥孩子

当父母不了解“皮肤饥渴症”时，就克制不住情绪而去吼孩子。这样只会增加孩子的不安感，无法帮助孩子改变习惯。孩子会因此越来越害怕，甚至对其身心造成伤害。父母要温柔地对待孩子，学会理解孩子。

（4）给孩子找替代物

这是对于经常不在家、工作繁忙的父母来说是最好的选择。当父母有条件时，一定要直面孩子的内心需求，尽量满足孩子。比如，父母可以给孩子买他喜欢的毛绒玩具，让玩具代替父母陪伴孩子，给孩子一些心理安慰。

孩子的“皮肤饥渴症”只是成长期的正常现象。父母只要能够多注意孩子的行为表现，帮孩子解决问题，满足孩子的需求，就能顺利消除孩子的“皮肤饥渴症”，使孩子健康成长。

7. 睡前喜欢听故事——其实是需要陪伴

我的一个朋友是个很忙碌的职场妈妈。朋友每天晚上回家都九点多了，只能在孩子睡前陪孩子一会儿。虽然朋友这么忙碌，但孩子最信任、最依赖、最黏的还是她。孩子什么都听妈妈的，有什么秘密只跟妈妈说。有时候孩子奶奶也纳闷："她妈妈一天就陪她不到半个小时。我陪她一整天，但一见到妈妈就不要奶奶了。"

朋友很清楚，赢得孩子的秘诀，就在睡前不到半个小时里。她跟我说，在这不到半个小时里，除了跟孩子一起看绘本，最重要的就是跟孩子聊天。聊天时，每一分钟她都全身心地投入，问孩子今天发生了什么特别的事情，有什么高兴或不高兴的事情跟妈妈分享。有时候朋友也会跟孩子说一说自己工作上或家里的有趣的事情。

母女俩睡前无话不谈。孩子得到了妈妈足够的关注，哪怕每天只是不到半个小时。对于孩子来说，这也是非常充足的爱的养分。睡前故事，对孩子最大的价值是父母的陪伴，亲子之间的交流。可见，父母只要把孩子睡前这段时间，当成一天中最宝贵、最温馨的亲子时间就可以。

每位喜欢与孩子互动的家长都会有这样的体会。然而，有些家长总是借口工作太忙，或者认为自己普通话不行，或者觉得专家讲故事更有权威，于是给孩子买来故事机、早教机等，让孩子自己听故事。这让听故事成了纯粹的学习过程，没有互动，孩子容易厌倦，更容易走神。父母给孩子讲故事时与孩子互动，不仅能让孩子增长知识，更能培养语言表达能力。相反，那些单纯地听故事，却从不开口与人互动的孩子，在语言表达能力方面要弱很多。

日本绘本之父松居直在《幸福的种子》一书中写道：幼儿最大的财产是健康、亲情与语言。如果有人经常紧紧地拥抱他，用温柔的声音对他说话，孩子就能通过肌肤的接触和语言的交流，感受到亲情。幼儿充分体验到这种感情，心灵会一点儿一点儿地充实起来，成为一个内心丰盈的人。

众多的有声故事资源的确是很好的听读资源，是孩子爱上阅读的良好途径，但它并不能取代父母在幼儿阅读中的位置。在教育孩子时，最重要的就是尽量在孩子耳边讲一些有感情、温暖、人性化的话语，因为这是孩子最需要的体验。图画书的内容可以不断地激发父母与孩子之间对话，父母与孩子在对话中可以进行心灵的沟通。这是故事机所无法做到的。

孩子喜欢听故事，更渴望父母的陪伴。父母亲自给孩子讲故事，比故事机的效果要强千百倍。父母应尽量抽时间每天都陪孩子阅读，在阅读过程中和孩子交流，鼓励孩子发表自己的意见。这对提高孩子的表达能力、思维能力都有很大的帮助。

心理学家研究发现，孩子入睡前，最需要父母的陪伴。此时，孩子渴望父母的拥抱，也渴望与父母沟通。父母睡前与孩子聊天，可以从下面这些方面给予孩子巨大的帮助。

（1）能及时发现孩子的困难和问题

睡前，父母和孩子聊聊做了什么事，遇到什么特别的事。在聊天中，

父母很容易了解到孩子遇到的困难或者存在的问题。有时候孩子遇到困难，白天不敢说。但是，在聊天时，孩子身心放松，更容易向父母吐露心声。当父母发现孩子的问题后，可以借机向讲一下自己的看法，或者适当地提一些建议。因为睡前聊天的气氛比较轻松，比父母发现孩子问题时再苦口婆心地劝诫要有用许多。

（2）培养孩子阳光乐观的性格。

睡前，父母跟孩子敞开心扉地聊天，能够让孩子把积累的负面情绪发泄出来，有快乐分享出来，更能塑造孩子阳光乐观的性格。虽然年龄较小的孩子聊天时可能牛头不对马嘴，但是孩子很容易满足。看到孩子从聊天中获得了欢乐和满足，父母工作一天的疲倦也会随之化解，留下的是跟孩子同频的轻松和安宁。

（3）提高孩子的思维能力和表达能力

睡前聊天，还能启迪孩子的智慧和想象力，让孩子的思维更有条理，帮助孩子培养自我总结的习惯，更能提高他的表达能力。

美国加州大学曾对 275 个家庭中 0–4 岁的孩子进行了历时 4 年的追踪调查。研究人员通过交谈来对孩子的语言能力进行评分。结果发现，睡前经常跟家长聊天的孩子，其表达能力远高于被动地听家长讲故事的孩子。

所以只有单向输出的亲子阅读，不能最大限度地锻炼孩子的思维能力和表达能力。只有双向沟通的聊天，才是将孩子送达成功彼岸的彩虹桥。

8. 睡前翻来覆去——寻求关爱才是真正原因

有一回朋友在朋友圈“吐槽”:“哄了孩子2小时总算睡去，谁能支支招?”原来朋友刚哄孩子睡着，刚离开房间，孩子就醒了。朋友问孩子怎么醒了，孩子说想要喝水。朋友只好跑去打水，问孩子可以睡了吗，孩子又说热。朋友解决了热的问题，孩子又说想听故事。孩子找各种理由，就是不睡觉，几乎把朋友折腾到崩溃。

很多家长都有这样的困扰，自从有了孩子，睡个好觉已经变成了一种奢望。一个初为人母的朋友开玩笑地说:“自从当了妈，就没睡过一个好觉。”晚上要起来喂奶好几次，还得经常起来哄突然大哭的孩子，有时候晚上十一二点孩子还闹腾着不睡觉……孩子不好好睡，也让家长既睡不好又揪心。

睡眠不好会影响孩子的生长发育。父母要了解孩子不好好睡觉的原因，帮助孩子解决问题，确保孩子有一个好的睡眠。孩子翻来覆去睡不着的原因一般主要有以下几个方面:

（1）身体下意识想要靠近父母

孩子小的时候，父母就是他的全世界。孩子的安全感来自父母。孩子待在父母身边会觉得安心，因此睡觉时，孩子的身体也会下意识地靠近父母。孩子睡觉时不断地挤父母，那是他在寻找安全感。

（2）睡前过于兴奋

如果父母在睡前与孩子做游戏，玩得很兴奋，会导致孩子神经持续兴奋，脑细胞活跃，心情久久难以平复。这时孩子就很难进入睡眠。即使进入睡眠，也会因为睡前活动过度，神经兴奋，在睡眠中“施展拳脚”，表现得很不老实。

（3）身体不舒服

当孩子睡觉不安分，翻来覆去时，父母要多加留意，孩子可能是身体不舒服。当孩子身体不适时，比如尿布湿了，腹部胀气，胃胀等，会通过身体语言表现出来，导致孩子在床上“打滚”。

（4）被子太厚

有一种冷叫作“妈妈觉得你冷”，妈妈总是担心孩子着凉，给孩子穿上厚厚的睡衣，睡时还会给他盖上厚被子。但是，这样会导致孩子过热，进而导致孩子不舒服，睡不好，就会出现踢被子、翻来覆去等现象。

只有让孩子睡好，孩子才能健康成长。父母如何才能让孩子睡得更舒适呢？以下几种方法可供借鉴：

（1）为孩子营造良好的睡眠环境

良好的睡眠环境具有以下特点：安静，光线适宜，温度适宜。当孩子睡觉时，父母不要来回走动，制造噪音。房间应该拉上遮光的窗帘，保持室内光线昏暗，温度保持在24℃–26℃之间。睡觉时，父母可以给孩子唱催眠曲或者讲故事等。另外哄孩子睡觉的家长最好固定，不要经常换人。哄孩子时，家长要保持平和的情绪，切忌急躁，发脾气。

（2）孩子的睡衣、被子要柔软舒适

不少父母担心孩子着凉，给孩子穿上厚厚的衣服。这不利于孩子身体的血液流通，而且这会让孩子感到不舒适，影响孩子的睡眠。父母要给孩子穿轻薄、透气的棉质睡衣，这有助于孩子入睡。另外孩子盖的被子要选择透气性好、柔软的，避免给皮肤带来不良的刺激。

（3）给床安上防护栏

如果孩子睡觉不安分，在床上翻来覆去，这样孩子很容易滚落到地上摔伤。为了避免这类情况，父母要让孩子睡觉时远离床边，最好给床安上防护栏，确保孩子不会滚下床。

（4）睡前不宜剧烈活动

孩子睡前活动过度，神经兴奋，脑细胞活跃，会让孩子难以入睡，影响睡眠质量。睡觉前，父母可以给孩子洗个澡，然后陪孩子看书，不要做剧烈运动。这样才能让孩子更好地入睡。

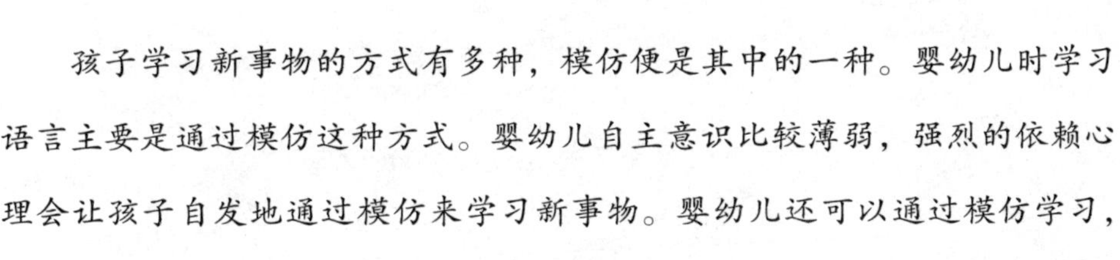

四、学习模仿能力，生存的必备技能

孩子学习新事物的方式有多种，模仿便是其中的一种。婴幼儿时学习语言主要是通过模仿这种方式。婴幼儿自主意识比较薄弱，强烈的依赖心理会让孩子自发地通过模仿来学习新事物。婴幼儿还可以通过模仿学习，来获得相应的经验和群体的归属感。

父母要正确看待孩子在模仿学习中存在的问题，并采取有效的方法，来引导孩子提高学习能力。

1. 学习剧中人物的言谈和行为——模仿促使同理心发展

观察和模仿是孩子与生俱来的能力。孩子通过模仿其他人的行为，可以学到很多知识。0–6 岁是“儿童模仿敏感期”。该年龄段的孩子中枢神经和大脑结构正处于高速发育时期，对外界的所闻所见比较敏感。特别是孩子 2 岁后，是大脑发育的最佳时期，有敏锐的观察力和洞悉事物本质的能力。

我们常常看到孩子特别喜欢模仿动画片里的角色，重复念叨着角色的台词，模仿角色的动作、打扮等。孩子还喜欢扮演动画片里的角色来玩游戏。这是因为孩子进入了模仿敏感期。

现在很多父母忙于工作，老人照顾孩子。对于孩子的哭闹或是无理要求，老人往往会放动画片来哄孩子，同时也希望孩子能从动画片当中学到东西。即便父母亲自照顾孩子，父母在工作或做家务时，也会打开电视让孩子用动画片打发时间。

孩子扮演动画片中的角色进行游戏，能够从幻想中获得快乐。比如像“钢铁侠”那样可以变身变强，解决很多难题，或者像“超人”一样可以自由自在地飞来飞去。不受时空限制，不受家长束缚。但是学龄前儿童无法分清“幻想”与“现实”的区别，也无法判断是非，容易将幻想与生活混在一起。

最近宋女士很苦恼。她的孩子喜欢看《熊出没》和《爆笑虫子》。没想

到的是，孩子经常拿着玩具锯子到处乱锯，还会拼命摇头，用舌头去舔东西。就是拿纸笔，孩子也用舌头卷，实在卷不起来，才会用手拿。宋女士问孩子在干什么，孩子说虫子都是这样的。

当孩子经常模仿动画人物的言行时，父母应该怎么做呢？以下几种做法可供借鉴：

育儿经

（1）保护孩子学习模仿的兴趣和积极性

模仿是孩子最先获得知识、认识世界并逐渐形成自我意识的一种有效手段和途径。父母应该理解、保护孩子的这种学习权利，不要打击和限制他。

有一次3岁的儿子看到我在浇花。他觉得很有趣，便拿着另一个水壶也跟着学浇水。当看到儿子小心翼翼地给花浇水时，我鼓励他说："宝贝，真聪明！妈妈也是这么给花浇水的。"听到夸奖，儿子高兴极了。后来儿子经常给花浇水。

如果当时我说："宝贝，花儿很脆弱。你浇的水太多了，别来捣乱，到一边去玩吧。"孩子还会学给花浇水吗？恐怕不会，他可能再也不会帮忙做家务了。

当孩子开始学习模仿时，我们要及时给予鼓励和表扬。这不仅让他体验到学习模仿带来的愉悦，还会强化他的学习模仿行为。孩子只有多学习模仿，才能够积累丰富的生活经验，拓展想象和思考的空间，激发创造的

灵感。

（2）杜绝模仿危险动作安全第一

孩子看电视剧时，可以获取很多基本的生活知识。比如，遇到坏人，遭遇危险时打110，向警察求助；突发疾病时，打120求助；注意交通安全，不能闯红灯，一定要绿灯时才能过斑马线……

但是我们要跟孩子约定，动画片中的危险动作不能学，安全第一。比如，从高处往下跳，恶作剧，捉弄人，将绳子勒在脖子上，暴力拆卸电子产品等。同时家长要将菜刀、锯子、锥子等危险物品，放到孩子不易触碰的地方，并且教导孩子，不要去触碰它们。要将药品或危险食品藏起来，避免孩子误食。让孩子远离插座、电器用品。

（3）教孩子分辨动画片与现实生活

孩子看动画片时，父母可以跟孩子讨论动画片中的角色，适时地进行引导。如果孩子独自一人看动画片，很容易被故事情节感动，产生模仿动画片角色的冲动。如果父母陪在孩子身边，孩子会询问父母的意见，从而避免发生意外。相反，如果父母在生活中缺乏与孩子沟通，就会让孩子沉迷于动画片，而无法自拔。

当一些与现实不符或者违背生活常理的动画片情节出现时，家长一定要告诉孩子，这是动画片中的故事，现实生活应该是怎样的，不能盲目地模仿。家长也可以跟孩子利用生活中的实际场景来进行场景游戏。当孩子发挥奇思妙想编故事时，我们一定要让孩子知道，这只是玩游戏，并不是真的。家长应该要求孩子对现实场景的描述尽量做到准确真实，这样可以培养孩子的观察能力和逻辑思维能力，同时也能够提高他的表达能力。

2. 在人多的场合自觉排队——来自周围环境的影响

在生活中，到食堂排队打饭，到超市购物付款，到银行储蓄取钱，到医院挂号看病，外出乘坐公交车……都需要自觉排队。自觉排队，体现了一个人的良好素养和对别人的尊重。

我有一次带孩子去买蛋糕。排队等待的时候，孩子想拉着我往前走，还不解地问："妈妈，我们为什么不直接去买东西，还要站在别人的后面?"孩子的疑问，让我开始在日常生活中注重培养孩子的规则意识。

美国休斯敦大学的一位法学家认为，排队的权威源自强互惠理论。在社会群体里，人们天生具有团队合作的本能，每个人都会做出公平的贡献。如果在团队合作中，有人不合作（如插队），人们就会不顾个人利益，也要惩罚他。因为人们对公平的认知，大于其眼前的个人利益。这种机制能产生长期稳定的社会效益，有利于社会群体的健康发展。荀子说："人无礼则不生，事无礼则不成，国家无礼则不宁。"文明礼仪不只是个人的行为习惯，对整个社会风气和秩序安定都有很大的影响。

如果孩子不配合，不愿意排队，家长要及时了解孩子不爱排队的原因，然后有针对性地解决问题。培养孩子良好的礼仪习惯。孩子不喜欢排队的原因，主要有以下几种：

（1）以自我为中心，自我约束力弱

许多家长把孩子宠上了天，一家人围着孩子转，事事以孩子为先。当家人对孩子过于包容时，孩子就会习惯了以自我为中心，要什么就有什么。这时孩子就会产生一种错误认识，以为自己就是世界的中心，大家都要顺着他，自己不受任何约束。

（2）与环境有关，缺乏规则意识

在幼儿园，孩子平常很听老师的话，但是去喝水时总是排不好队。孩子们不是你争我抢，就是你推我挤，还有几个调皮的小家伙总要去“加塞”。一个接一个地往前挤，最前面的孩子被挤得摇来晃去，还有孩子大喊：“老师，有人插队！”结果你推我，我推你，把水都撒身上了。

孩子充满了好奇和冲动，做事通常不会考虑后果，规则意识薄弱。如果孩子没有得到良好的教育，就会成为人们惧怕的熊孩子。

（3）社会现象的影响

孩子的成长和发展也会受到社会的影响，而且社会对于年龄小、未懂世事的孩子影响更大。在医院、公交站、超市等地方，人们经常遇到插队现象。当孩子看到有人插队且无人制止时，便以为插队时被允许的。这给孩子传递了一种“可以插队，可以不遵守秩序”的错误信息，会让孩子形成不遵守规则的恶习。

当发现孩子在公共场合不喜欢排队时，父母可以从以下几个方面来培养孩子的秩序感。

育儿经

（1）帮助孩子适应井然有序的生活节奏

孩子在小的时候，更容易被周围的环境所感染。建立一个有序的生活环境，对于培养孩子秩序感能够起到潜移默化的教育作用。比如，让孩子养成规律的作息习惯，我们可以帮孩子制订一个科学合理且相对固定的作息时间表，并督促孩子执行。这样子不仅有利于孩子的健康成长，也能培养孩子的时间观念和秩序习惯。

（2）注重从生活细节入手

父母要给孩子创造一个整洁有序的生活环境，并且告诉孩子，各种物品摆放整齐，使用完毕后需物归原处。我们要注重日常生活中的细节，从小事入手，来培养孩子的秩序感。例如，要求孩子进门换鞋，并将鞋子摆放整齐，通过这个不起眼的小习惯，培养他的生活秩序。我们要培养孩子良好的整理习惯，鼓励他自己动手收拾玩具、图书等物品。即便孩子开始表现得“笨手笨脚”，越帮越忙，也要耐心指导孩子，不断地表扬孩子，给予孩子信心。

（3）带孩子到户外游玩

公共场所是非常能够培养孩子秩序感的，比如乘坐电梯，乘坐公交车，到游乐场去坐游乐设施，都需要排队上下，不能拥挤。我们可以带孩子参加一些集体活动，让孩子在与他人相处的过程中形成规则意识，懂得秩序的重要性。比如在游乐场玩滑梯时，我们要告诉孩子应该自觉排队，有先有后，不推不挤。

3. 效仿同龄人欺负小动物——同群效应

同事最近总是因为5岁的女儿安安烦恼。安安跟小朋友一起玩时没有主见，小朋友说玩什么她就玩什么。比如，小朋友去荡秋千，本来不想玩荡秋千的安安也会跟过去；小朋友去玩健身器材，安安也跟着一起玩；小朋友单腿“跳房子”，安安也跟着学。

前几天同事带孩子去朋友家串门。朋友的孩子和安安一起玩。突然房间里传来小猫的一声惨叫。原来朋友的孩子不知道什么缘故很生气，一脚踢在了小猫的肚子上。

同事担心安安会模仿小朋友欺负小猫的暴力行为，想改变安安总是模仿别人的这种行为，却不知道该怎么做。同事为此特别苦恼。

由于孩子小，缺乏分辨是非的能力。孩子往往把身边人的行为当作学习对象，通过模仿他们的行为来探索、认识世界。同时，也是因为孩子对自己的能力认识不足，缺乏自信，希望能通过模仿来获得对方的认同，得到肯定，从而获得内心的安全感和集体的融入感。

当孩子欺负小猫小狗等小动物时，我们要了解了孩子的心理，引导孩子爱护动物，保护生命。孩子欺负小动物的原因主要有以下几点：

（1）没有认识到小动物是有生命的

对于很多小朋友来说，小猫、小狗和变形金刚、芭比娃娃一样，都是

自己的玩具。所以他们像对待玩具一样对待小动物，任意地处置。他们不知道小动物是有生命的，不懂得爱护生命。

（2）把欺负小动物作为情绪的宣泄

大部分小朋友情绪化比较严重，不太懂得控制情绪。加上很多家庭都与孩子缺乏沟通，只是一味地要求孩子听话、顺从，导致孩子长期压抑自己的情感。当孩子觉得委屈愤怒时，身边的小动物就成了他们发泄的工具。欺负它们，甚至虐待它们，会让孩子的心情变得好起来。

（3）能满足孩子的支配欲望

跟成人相比，孩子是弱小的，他们的很多行为要受到家长的支配和影响，没有太多的自主权。但在和小动物的关系中，孩子的地位是崇高的，是小动物无法撼动的。孩子在无意间发现自己可以控制昆虫的生死，可以让小猫小狗哀号。这让孩子很有成就感，并且有支配它们生命的快感。

（4）好奇心的驱使

小朋友欺负小动物，其实也是他们了解小动物的过程，是好奇心在驱使。孩子想通过伤害小动物的方式了解小动物的反应。因为孩子没有太多的怜悯，在大人看来会比较残忍。

当孩子有欺负小动物的行为时，父母要及时纠正，以免孩子养成恃强凌弱的坏习惯。以下几种措施可供借鉴：

（1）及时发现并纠正孩子的错误行为，让孩子意识到生命是平等的

当父母发现孩子欺负小动物，或欺负年龄较小的孩子时，一定要及时纠正孩子的错误行为。孩子有时是受情感影响而下意识地采取了一些错误的举动，并不是故意为之。父母要告诉孩子，小动物是有生命的，伤害小动物，小动物就像小朋友受伤一样，会感到痛。父母要让孩子明白，生命都是平等的，要和小动物和谐相处。

（2）帮助孩子了解小动物，引导孩子保护弱小

孩子对周围的世界充满了好奇心。家长有时间可以陪孩子一起看动物世界，看动物科普的书籍。父母多带孩子逛动物园，了解动物的外貌和习性。鼓励孩子亲自喂养一些小动物，发现小动物的可爱之处，培养他和小动物的感情。让孩子明白自己不能欺负毫无战斗力的小动物，引导孩子去保护比自己弱小的对象，培养孩子正确的是非观。

（3）引导孩子用正确的方式宣泄情绪

在所有恃强凌弱的案例中，处于强势地位的一方往往并不是真正要欺负弱势的一方，强者只是发泄自己的坏情绪，借此来满足自己在其他地方受到的委屈。孩子在成长的过程中更是如此。

当孩子情绪化时，父母要杜绝他们伤害小动物的这一行为。父母等孩子冷静下来之后，对其进行教育，让孩子知道自己的做法是错误的，并引导孩子用加平和非暴力的方式宣泄情绪。我们要告诉孩子，坏心情需要自己去化解，保护弱小才是我们应该做的。

（4）从小培养孩子的服务意识

父母可以鼓励孩子照顾家人和小动物，让他从小就养成“服务意识”，并且对孩子的这种行为表示由衷的感谢。

孩子可以在照顾他人和小动物的过程中充分感受到被人需要所带来的快乐，同时这也有助于提高他的自信心。

4. 拿胭脂水粉化妆——爱美之心萌发

同事的女儿在上幼儿园。女孩每天都会用彩色笔涂指甲，每天从幼儿园回来指甲上都是花花绿绿的。幼儿园其他小朋友也是这样。女孩夏天的时候不肯穿裤子，每天都要穿裙子，还要不同样式的裙子。女孩有时还会偷偷穿上妈妈的高跟鞋，在全身镜前模仿妈妈摆姿势欣赏自己。

最近同事的女儿喜欢上了妈妈的化妆品，趁妈妈不在偷偷地把化妆品抹到脸上。同事每次看到女儿双颊通红的样子就哭笑不得。同事三令五申让她不要动自己的化妆品，告诉她大人才可以用化妆品。但是女儿不肯放弃，一直问，为什么只有大人可以用，小朋友就不可以，电视上的小朋友为什么可以化妆？

爱美之心，人皆有之。孩子并不只是对化妆品、鞋子、剃须刀、衣服这些感兴趣，只是有些东西孩子可以触手可及，有些拿不到而已。孩子热衷于大人的物品，主要有以下几个原因：

（1）爱模仿

模仿是孩子主要的学习方式。同事的女儿每天看到妈妈化妆，自然会模仿妈妈的举动。家长的一言一行都会影响孩子的行为习惯。孩子喜欢用大人的东西，就是对大人行为的模仿和学习。孩子想一夜之间长大，做大人可以做的事情。

（2）好奇心

孩子对大人的东西产生好奇，喜欢用大人的东西，是孩子求知的一个过程。很多事物对孩子有着神奇的吸引力。在好奇心的驱使下，孩子渴望了解更多的新事物，也希望自己可以尝试一下。

女孩子出于爱美的天性，尽管年幼但是对于艳丽的颜色以及香香的味道是无法抵抗的。好奇心会驱使她去探索化妆品。

（3）好玩儿

对于孩子来说，妈妈的鞋子大如船，妈妈的鞋子高如山，更像是孩子的玩具。美甲、涂口红、穿漂亮衣服，让自己变得美美哒，就觉得特别有趣好玩儿。这些都表现了孩子想要长大、爱美的想法。

很多父母不能理解“熊孩子”的这些行为，看到男孩子开始“臭美”就会担心并制止孩子，说化妆不能凸显男孩子该有的气质；看到孩子穿父母的“大船鞋”就会担心孩子会摔跤，从而立马阻止；看到孩子玩大人的东西就会随手抢走。作为父母，应该理解孩子，慢慢地进入孩子的世界，陪着他们长大。对于孩子喜欢玩化妆品这种行为，我们可以采取以下措施：

育儿经

（1）理解孩子爱美的行为

3岁左右时，孩子开始有了审美要求。这代表孩子进入了审美敏感期。此时，女孩子开始对穿衣打扮产生浓厚的兴趣，也会开始追求美，对美有了自己的想法。心理学研究表明，从审美敏感期开始，女孩子一生都会执着于对美丽的不断探索。

家长切不可对孩子的爱美行为加以批评和斥责。如果父母无法满足审美敏感期的孩子对于美的追求，就会让孩子产生探索世界是一种错误的想法，导致孩子变得胆怯、孤僻，对于世界失去探索的欲望。

（2）给予适当的支持

正如教育专家兰海老师所说："臭美是正常现象，是孩子自我意识形成的一种表现。"爱美是孩子探索世界的一种方式，也是孩子积累生活经验的一种有趣行为。孩子通过观察身边的事物，形成一套专属于自己的关于美的规则，继而按照这套规则行事。很多女孩子就是因为周围漂亮的姐姐、阿姨都穿裙子，才会喜欢穿裙子。

父母应该支持孩子的"臭美"行为，这有利于孩子培养审美意识和自我意识，从而注意自己的外貌和言行。家长要尊重孩子的审美需求，购置孩子的专用化妆品，给孩子选择穿着的权利等。每天让孩子打扮得漂漂亮亮的，让她开心又自信，也更能获得老师和小朋友的喜欢。

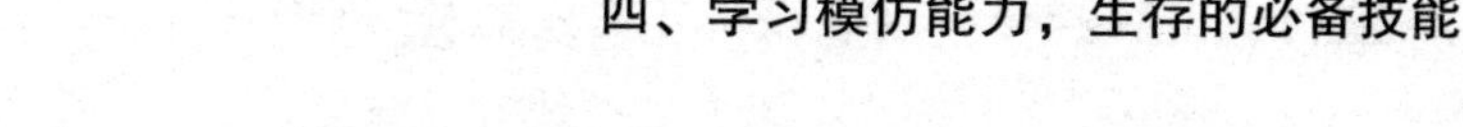

（3）引导孩子树立正确的审美观

家长要用平和的心态看待孩子的“臭美”行为。家长在面对孩子的挑剔时，不要表现出烦躁等负面情绪，要用心体会孩子的需求，并用合适的方式来引导和帮助孩子。

父母鼓励孩子自由地探索世界，并不意味着可以放任孩子自由成长。父母要引导孩子形成一种主权意识，告诉孩子，不属于自己的物品，使用之前都要征求主人的意见。

在孩子爱美的敏感期，父母要引导孩子树立正确的审美观。提高孩子的审美能力，不只是让孩子一味地追求时尚的打扮。我们要对孩子进行多元、多维度的审美指引。比如，带孩子去看优秀的图书、电影；去旅行，看美丽的风景；去博物馆，欣赏优秀的艺术作品；多听好的音乐、好的故事等。这样可以丰富孩子对美的认识，并且让孩子知道，爱美，是一种能力，是一种品质，更是一种修养。

（4）让孩子体验做大人的感觉

当孩子喜欢用大人的东西时，我们应该为孩子的成长感到欣喜。所以，父母可以让孩子提前体验变成大人的感觉。

首先，父母可以让孩子独立完成自己的事情，并及时给予肯定和表扬；其次，让孩子分担一些力所能及的家务，让孩子学会照顾他人；最后，让孩子参与家庭的重大决策，充分尊重孩子的意见。

5. 喜欢和姐姐做一样的事——寻找认同感

周末，不同年龄段的孩子总会聚集在社区公园玩游戏。一些小孩子总是喜欢当大孩子的“跟屁虫”。即使大孩子不太理睬他，或是不愿意跟他玩，他也像“磨人的小妖精”一样屁颠屁颠地跟在人家后面，甚至甘愿分享自己的零食和玩具跟大孩子一起玩。

有些家长看到孩子心甘情愿地跟在大孩子后面就觉得难以接受。脾气耿直的家长可能会直接把孩子拉走。好面子的家长可能会当作没看见。多数家长都会对孩子愿意当大孩子“跟屁虫”的行为感到不解。其实我们在儿时也有找大孩子玩，被拒绝也乐此不疲的经历。孩子喜欢跟大孩子玩，一般有以下几种原因：

（1）出于对大孩子的崇拜心理

跟同龄人相比，孩子更愿意跟大孩子一起玩。这是一种普遍现象，也是孩子成长中不可或缺的“营养养分”。

苏联心理学家维果茨基说过，孩子的智力发展和社会化进程主要是在他们和比自己更成熟的社会成员一起活动、一起相互作用下，逐渐完成的。孩子们在一起玩耍中，学会了做事情，懂得了好多不懂的东西，知道了好多游戏规则和社会规则。他们的智慧增长了，社会化进程也就循序渐进地完成了。

一般情况下，孩子选择玩伴会随着年龄的增长有所改变。0–2 岁的孩子

喜欢和大人一起玩，2–4 岁的孩子喜欢比自己年龄大的孩子玩，等到 4 岁以后孩子会越来越喜欢与同龄人一起玩。

2–4 岁的孩子觉得大孩子懂的知识多，玩的游戏花样也多。他们在与大孩子玩游戏的过程中了解到游戏规则，同时也能满足他们对周围世界的好奇。孩子看到哥哥姐姐这么厉害，就会模仿他们，并对他们产生崇拜感。

（2）大孩子思维活跃，玩的花样多

我家的孩子跟她的乐乐姐可以一起玩一下午。社区里的小树叶、沙土和鹅卵石都是他们的玩具，这些孩子自己动手找来的宝贝比买的玩具更让孩子觉得好玩。她们喜欢玩过家家和做饭的游戏。孩子就跟在乐乐姐后面有样学样。

有一次乐乐姐说去捡树叶，让孩子看着他们堆的城堡。于是孩子就老老实实地守着城堡，就像老母鸡护着小鸡一样，不许别的小朋友碰城堡。后来孩子也学乐乐姐，教其他小朋友一起玩，像个小领导一样。

大孩子认识的事物比较多，思维也更加发散。孩子对大孩子的行为进行模仿，无形之中就学会了对方的思维模式，提升了思维能力。在游戏过程中，孩子主动参与，在游戏中学习效果会更好。

（3）大孩子语言能力更强，表达更丰富

现在孩子可以从网络、幼儿园和游乐场所获取新的信息，接触的东西越来越多，词汇量也在日累月积地增加。由于年龄的不同和认识行为的差异，大孩子的词汇量一般会比小孩子更多。当他们进行交流时，孩子可以从大孩子那里学到新的词汇和知识，提高表达能力。像“吃货”“皮皮虾，我们走”这些网络用语，孩子就是跟乐乐姐学的。孩子有时还会跟我们讲道理，小嘴里蹦出“因为”“所以”“而且”“然后”等词语。

一般大孩子对待小孩子比较友好，会照顾小孩子，并带他玩游戏。大孩子就算拒绝小孩子加入游戏，也不会动粗。大孩子只有特殊情况下，才会发生推人、打人的事情。因此，我们不要因为担心孩子跟大孩子玩会吃亏、受欺负，就不让孩子跟大孩子玩。我们应该要尊重孩子的意愿，教孩子与朋友和谐相处的一些小技巧。以下几种方法可供借鉴：

育儿经

（1）要教会孩子正确的交往方法

父母要教孩子学会礼貌地与人打招呼，比如，想和哥哥姐姐一起玩时，要说："哥哥姐姐好，可以给我玩一会吗？"游戏结束后要说："谢谢哥哥姐姐陪我玩。"

父母要告诉孩子，玩游戏时，要学会与小朋友轮流玩玩具，别人玩玩具时要耐心等待，想借小朋友的玩具时要与对方商量。跟小朋友分享自己的玩具，这样小朋友就会更喜欢跟你玩。

（2）适当地指导大孩子带孩子玩的方法

大孩子也是孩子，有时可能照顾不到孩子，这是可以理解的。我们可以适当地给大孩子一些带弟弟妹妹玩的小建议。如果孩子们产生了矛盾，不要以"哥哥姐姐应该让着弟弟妹妹"的标准来要求、批评大孩子，也不要因为"孩子吃亏了"而袒护孩子。我们要态度亲和、公平公正地解决孩子之间的矛盾。这样矛盾解决后孩子还能一起愉快地玩耍。

（3）注意培养孩子的自我保护意识

父母在孩子玩藏猫猫、踢球、转弯跑等户外活动时，要教孩子学会灵活转身、迅速躲闪、大声呼救等一些自我保护的基本技能。这样，孩子在玩游戏时能保证自己的安全。

（4）多创造孩子与其他孩子一起玩的机会

父母可以多带孩子参加一些亲子活动，比如，去有孩子的朋友家做客，邀请不同的小朋友来家里做客等。让孩子学会与小朋友交往，可以培养孩子的社交能力。

6. 沉迷于电子产品不爱阅读——可能是来自父母的影响

朋友的儿子康康刚上三年级，就戴上了一副200多度的近视眼镜。朋友最近很是焦虑。孩子除了电子产品对什么都不感兴趣。朋友只有强制性地要求孩子学习，才能有一点点的作用。

一天晚上，朋友因为加班夜里12点多才回到家。当她经过儿子房间时，孩子竟然躺在被窝里打游戏。朋友顿时压制不住怒火，狠狠地收拾了儿子一顿。她问我：“怎样才能让孩子不再沉迷电子产品？”

要让孩子学会合理地使用电子产品，首先我们应该了解孩子沉迷电子产品的原因。

（1）家庭环境的影响

孩子喜欢玩电子产品，首先我们要反思自己有没有给孩子做个好榜样。很多人每天在玩手机上花费了大量的时间，甚至只要离开手机一会儿就浑身不自在。如果孩子做作业我们就刷手机，孩子就会模仿家长，把注意力放到电子产品上。而且孩子特别容易受到诱惑。当他在辛辛苦苦地做作业时，我们却在轻轻松松地玩电子产品，孩子就很难静下心来学习。

（2）多感官刺激，自制力差

相较于书本的黑白字体，游戏、动画片更有趣，孩子很容易被吸引。孩子自制力差，在面对诱惑时，无法控制自己的行为，所以很多孩子都会抑制不住地想玩手机。同时，孩子在游戏中获得胜利，可以实现自我满足，因此很容易对游戏上瘾，沉迷于电子产品。

（3）游戏设计符合心理学原理

游戏的设计一般符合心理学原理。孩子在玩游戏时不停地打怪升级，这让孩子欲罢不能。而读书往往缺乏反馈，况且枯燥的学习过程很容易让孩子有挫折感。

（4）父母的替代品

很多时候手机、电视、电脑代替了父母，充当了孩子“保姆”的角色。家长工作忙的时候总是让电子产品去陪伴孩子。孩子缺少父母的陪伴，内心的需求没有得到安抚。所以孩子只能把这种对父母的需求转移到手机上，从而对电子产品上瘾。

（5）缺乏学习和生活目标

有些家长工作忙碌，不能时常陪伴孩子，没有及时地引导孩子做出人生规划，放纵孩子自我成长。孩子在成长过程中毫无目标。很多孩子喜欢在游戏中找到与自己相同类型的人群，通过谈论游戏来释放情绪以及疏导心理压力。

如果孩子沉迷电子产品，不要粗暴地责怪孩子，而是要从源头上去解决。当电子产品吸引了孩子的注意力时，我们应该培养孩子的其他兴趣，从提升孩子的学习兴趣做起，来纠正孩子的行为。想要培养孩子的阅读习惯，父母可以这样做：

（1）父母身体力行做示范，给孩子创造阅读环境

父母言传身教，为孩子营造一个良好的学习环境非常重要。孩子只有在与父母的互动和学习中得到真正的快乐，才不会沉迷电子产品。

要给孩子创造一个安静的阅读环境。孩子阅读时，家人要保持安静。家长不能自己看电视，却逼迫孩子看书。最好给孩子创造一个独立的阅读空间，阅读空间要整洁干净，不能摆放玩具和零食分孩子的心。父母可以带孩子去图书馆、博物馆等地方，培养孩子探索知识的热情以及对阅读的兴趣。

我从上学到工作一直保持着每天睡前阅读的习惯。周围的人都知道我爱看书，爱买书。我们家里有各种类型的书籍。家里的床头、沙发、桌子上到处都是书。我想阅读时随手就可以拿到书。虽然我工作忙，很少带孩子阅读，但是只要孩子在学习，我也会拿起一本书来看，让孩子感受家里的学习氛围。

（2）尽早开始亲子阅读

孩子 5 个月左右，我就开始给孩子讲画本和故事。最初我从网上买了布书和洞洞书。孩子正在长牙，拿到书就啃，一会儿就把书角啃破了。

孩子还不会翻书，我就给他读。孩子非常喜欢洞洞书《猜猜我是谁》中的小小镜。每次看到镜子里的自己，孩子就会咯咯笑。从布书、洞洞书、翻翻书到有故事情节的绘本、故事书，虽然大多数是我在给孩子读，但是孩子越来越喜欢我陪他一起读。

对于年纪小看不懂内容的孩子，父母可以简化故事情节，模仿故事中的人物，还可以模仿动物，尽量把故事讲得绘声绘色，充满趣味性。对于年纪稍微大的孩子，父母陪孩子阅读时，可以增加互动环节，根据书中内容互相提问题，做游戏。或者跟孩子一起认识图画的颜色、形状，一起猜故事的走向等。父母这样做，可以让孩子既感受到文学故事的魅力，又感受到父母的爱。

（3）固定时间和场景，形成阅读习惯

父母经常给孩子讲睡前故事，孩子就会养成在睡前读书的习惯。晚上吃完饭，只要有时间，我就会陪孩子看书。孩子形成习惯后，有时候我忙得忘了，孩子也会要求我给他读完书中的故事才肯睡。有时候晚上我做家务，也会让爸爸陪读。

（4）尊重孩子的认知和发育规律，选择合适的书

孩子通常喜欢故事情节简单、带有图案和色彩明快的图书，所以绘本非常适合孩子。我收藏了一套开明国语课本。书的内容非常好，但是因为是黑白的，孩子完全没有阅读的兴趣。

从布书到纸板书、翻翻书、洞洞书，从简单图画的认知书，到有故事情节的绘本、故事书，要尊重孩子的认知和发育规律，选择孩子有兴趣的图书。如果孩子没有兴趣，就换别的书。

（5）严格规定孩子玩电子产品的时间

在生活中，让孩子完全不接触电子产品是不可取的。电子产品也有对孩子有利的一面。只要能够正确地使用电子产品，孩子就不会沉迷其中。

父母要告诉孩子电子产品能够给人们带来的好处，比如可以学习新的知识。同时，父母要告诉孩子沉迷电子产品的坏处，比如伤害视力，影响学习和睡眠等。在引导孩子正确认识电子产品的作用后就要规定孩子使用的时间，和孩子一起制定时间表。孩子要按照时间表使用电子产品，养成正确使用电子产品的好习惯。

当孩子能够正确的使用电子产品时，可以给予孩子表扬和奖励；当孩子超出了使用电子产品的规定时间，就要给予一定的惩罚。比如减少电子产品的娱乐时间，或者增加学习时间。

7. 远离暴力游戏和影视——遏制孩子内心深处的暴力基因

最近，6 岁的安安经常打同学，喜欢拿玩具枪射击小朋友，把小朋友吓哭了。老师把这件事告诉了安安的父母。安安的父母发现，安安最近特别喜欢玩一些刺激的战斗游戏，还经常一边玩，一边大喊：“冲啊，杀死他们！”安安的父母怀疑他打小朋友，是模仿游戏中的暴力行为。

安安的爸爸看到安安玩游戏太入迷，上课无精打采的，学习成绩下降了，就严厉地批评了安安。安安表面上说不玩游戏了，但是经常趁着父母不在家偷偷地玩游戏。安安的爸爸气坏了，把他打了一顿。事后，安安的爸爸也很后悔，但是他不知道应该怎么教育孩子，担心孩子会越来越暴力。

除了暴力游戏会让孩子在现实中实施暴力行为，暴力影视也会增加孩子的攻击行为。当我们发现孩子模仿游戏和影视剧的暴力行为时，应该怎样教育和引导孩子呢？以下几种措施可供参考：

育儿经

（1）父母要先反思自身，营造和谐的家庭环境

当孩子迷上暴力游戏时，父母需先反思自身，考虑自己的教育方式是否合理。如果父母对孩子太过严厉、粗暴，经常打骂孩子，给孩子树立了暴力的形象，那么孩子就会用暴力的方式去对待别人。因此，父母要改变亲子间的互动方式，用和谐、友好的方式去处理问题，学会和孩子平等相处。渐渐地，孩子不再感到压抑、愤怒，内心平和了，暴力游戏对他的吸引力就会下降，也就不会再用暴力解决问题了。

父母要多陪孩子观看他们喜欢的影视作品。当影视中出现暴力时，父母要对其进行解释并告诉孩子，这些行为在现实生活中是不被认可和接受的，要教会孩子去分辨虚拟和现实。

（2）用恰当的方式引导孩子辨别对错

孩子的社会经验非常有限，对于周围的事物和环境充满好奇。这就使得孩子很容易接受和模仿游戏和影视中的暴力行为。首先，在“打打杀杀”的游戏中，孩子内心极易产生满足感和成就感，并能够释放压力。而且每个人都有一种对英雄人物的崇拜心理。因此，孩子喜欢游戏和影视里的“英雄”形象，甚至模仿他们的暴力行为。

另外，孩子很难区分幻想与现实，他们会误以为暴力是用来解决问题的方法，并且暴力还会获得表扬、尊重和崇拜。孩子已经习惯了游戏里中的暴力行为，对暴力伤人的后果或要承担的责任缺乏认识。因为影视作品和暴力游戏中，被攻击的对象在下一集中又会满血复活，这让孩子产生一种错觉，认为自己的暴力行为不会造成严重的后果，被攻击的对象马上会恢复原样，所以他们会肆无忌惮实施暴力行为。而且，心理学研究发现，经常接触影视和游戏中暴力行为，会损伤大脑神经系统，导致情绪调节失败，严重的甚至促使大脑的认知控制能力下降，进而导致攻击性增强。

父母要多运用角色扮演的方法，培养孩子的共情能力，培养其同情心。比如，让孩子学会换位思考，设身处地体会受害者的痛苦，对受害者产生“感情共鸣”。

当影视和游戏中出现暴力行为时，家长可以通过讲故事的方式，与孩子探讨，引导孩子，让他们知道什么是允许的、什么是不被允许的，进而让孩子明白，游戏世界和现实世界是有区别的。在游戏中打打杀杀是很痛快，但是模仿游戏中的暴力行为，跟小朋友打闹，这是非常危险的。在生活中伤害了别人，是要承担法律责任的。父母要告诉孩子，如果和小朋友发生了矛盾，可以采用友好协商的方式来解决问题。

（3）了解孩子需求，寻找和孩子兴趣相关的游戏

如果父母不明白孩子内心的需求，一味地禁止孩子玩游戏，容易引起孩子叛逆心理。当孩子喜欢暴力游戏时，家长要对孩子进行正确的引导。

父母应当把游戏装置放在公共区域。孩子玩游戏时，父母要陪伴在孩子身边。这样孩子在玩游戏时，父母可以及时给予引导。父母要了解孩子喜欢玩哪类游戏，游戏的内容和情节是否健康。父母可以上网查看游戏的

相关评论和推荐，或者亲自体验，以便确定游戏是否适合孩子。父母要尽量给孩子玩益智类、探险类、科普类的游戏。另外，父母应多陪伴孩子去户外运动，探索大自然，做游戏，参加群体活动。这样一来，不仅转移了孩子的注意力，又能够促进亲子间的交流。

8. 以身作则，给孩子做榜样——父母才是孩子最好的老师

前几天，我发现，孩子做什么都有点儿不耐烦，玩魔方玩到一半，就把魔方丢了，看书也是一样。我就问孩子怎么了。孩子说："妈妈，我学你呀!"听到孩子这么说，我才想起来，我在写作时碰到理不顺的地方，就会把稿子揉成团，丢到垃圾桶里，然后重写。没想到孩子看见了我的动作就跟着我学了。我赶紧跟孩子道歉。过后我一直很注意自己在孩子面前的言行。果然过了几天，孩子不耐烦的举动也不见了。

列宁夫人克鲁普斯卡娅说过："家庭教育对父母来说，首先是自我教育。"家庭是孩子的第一个课堂，父母是孩子的第一任老师。孩子最初的行为习惯源于父母的影响。因此，父母要特别重视榜样对孩子的巨大影响，时时处处要为孩子树立良好的榜样。

最好的家庭教育就是父母的言传身教，给孩子树立榜样。以下几种方法可供家长借鉴：

育儿经

（1）父母要在生活中严格要求自己

英国教育家托马斯·阿诺德认为，父母的言行就是无声的老师，自觉或不自觉的榜样，强有力地发挥着潜移默化的教育作用。父母要想取得理想的教育功效，就要在生活中严于律己，为人处世要做到通情达理，善解人意。对问题的看法要中肯，不偏激，不固执，举止稳重，谈吐优雅，不盛气凌人，不炫富，不居功自傲。

父母得体的言行就是最有效的教育，会在性格、品行和习惯方面为孩子留下深刻的影响。在生活中，我们会发现孩子有时会模仿大人说脏话。因此，父母要注意规范自身的言行举止，不要在孩子的面前说脏话，待人谦和有礼等。父母要保持良好的生活习惯，比如果皮要扔进垃圾桶等。

（2）父母要懂得正己才能化人

孔子说过："欲教子先证其身。"父母做不到的事情，不要要求孩子。父母想让孩子做的事，自己一定先要做到，孩子自然就会跟上我们的脚步。如果父母懒得学习、懒得动脑筋，就是对孩子说再多的"要好好学习，天天向上"也无济于事。因为在父母身上，孩子根本看不到知识的力量，也看不到开动脑筋的效果，更没看到父母读过一本书。

（3）原则性强，不轻易因人因事而改变自己的主张

与孩子约定的事情，不要轻易改变。如果父母朝令夕改，就会让孩子

认为，没有什么是不能改变的。孩子还小，不会安排时间。父母要根据孩子情况制定合理的时间表，并按计划执行，不要轻易改变。比如孩子该写作业的时候就写作业，到了规定的阅读时间孩子就要停止打游戏，拿起书本阅读，不要因为周末或者有事就改变计划。

（4）对孩子总是抱有欣赏的态度

欣赏并不等于不切实际的夸奖和鼓励，而是来自内心的认可和支持，是对孩子所付出努力的肯定。要让孩子在和父母接触中，感受到父母对自己无条件地支持和肯定以及发自内心的欣赏。要让孩子由此获得一种源源不断的前进动力。

（5）做孩子的朋友，倾听孩子的心声

父母要尊重孩子，认真倾听孩子的心声。不管什么时候，只要孩子和我们说话，就要放下手中的家务，认真倾听。哪怕孩子讲的是一些鸡毛蒜皮的小事，对生活的一个感悟，父母要认真倾听，由此了解孩子的想法，发现孩子的问题，从而帮助孩子更好地成长。

五、社交能力差，孩子成长是一个过程

一些孩子不愿意跟身边的人相处，不愿意和身边的人打招呼，不愿意分享自己喜欢的东西……因此父母就认为孩子太孤僻，担心孩子社交能力差，影响以后成长。所以，父母总会要求孩子要有礼貌，不可以内向，不可以害羞。

其实，每个孩子都有自己的个性，都有自己的优势和缺点，并不是所有孩子都擅长和喜欢社交。有些孩子天生就有社交障碍。如果强迫孩子做不喜欢的事情，反而达不到预期的效果，甚至适得其反。家长要明白其中的道理。

对于不善于社交的孩子，父母只要教育和引导的方法得当，就能够弥补孩子性格上的短板。

1. 不爱分享，喜欢自己玩——自我意识的萌芽

我的孩子在两岁时突然变得“自私”起来。别人的手还没碰到他的玩具，他就立马嚷嚷着：“不许动！”他总是把自己的东西护得紧紧的。他常挂在嘴边的一句话就是：“这是我的。”我为此伤透了脑筋。孩子怎么就不爱分享呢？后来我站在孩子的角度去理解孩子的行为。

孩子不愿意和别人分享，把自己的东西保护得死死的。其实，这不是自私的表现，而是因为孩子正处在物权意识关键期。此时，孩子开始形成自我意识，表现为对很多物品和玩具拥有强烈的占有欲，认为“我”的东西就是我的，别人不能动。他们常挂在嘴边的话就是：“这是我的。不许动！”别人动了他的东西，就是剥夺了他对物品的所有权。孩子只能把东西紧紧地把握在自己手里，自我意识才会得以满足。

所以，孩子处在物权意识关键期时，不懂分享，并不代表自私，抢别人的玩具，也不代表霸道。当孩子经历了这个阶段后，就能学会分享。但是许多家长看到孩子争抢玩具时，往往不能冷静处理，而是用成人的道德观念强迫孩子分享。这样做只会伤害孩子的内心，给孩子留下难以修复的创伤，甚至可能会形成不好的性格。主要表现为以下几个方面：

（1）孩子可能会更自私

家长强迫孩子分享自己心爱的物品，会混乱孩子对于物品“所有权”的认识。他们会认为，分享就是抢走自己的东西，让孩子产生不安全感。

这会让孩子错误地认为，分享是痛苦的。于是，孩子会厌恶分享，甚至会争夺物品的所有权，以保证自己的权利，以此来弥补缺失的安全感。

（2）容易丧失自我

当家长强制孩子把东西拿给别人时，孩子会认为自己的意愿不被尊重，意见不被采纳。这样会让孩子错误地认为，其他小朋友开心了，父母就会开心，就会称赞自己很懂事。这会让孩子产生错误的观念：他人的需求胜过自己的需求。于是，孩子就会压抑自己的感受，隐藏自己的意愿。这样一来，孩子不仅容易形成懦弱、胆怯的性格，还会丧失自我，无法捍卫自我的正当权利。

（3）扰乱孩子物权意识的形成

有时人们会逗孩子，说："这个东西是我的。"甚至强行把孩子的东西抢过来。有的孩子会抢回自己的东西，有的孩子会因此哇哇大哭。于是，人们会说孩子："你真小气。"

孩子在3岁前，还没有形成完整的物权认知。玩具、书本，哪怕是一个小瓶盖，在孩子眼中，都有可能是最重要的东西。家长如果强迫孩子把东西"分享"出去，只会扰乱孩子物权意识的形成，从而不敢确认自己所有物品的权利。

（4）成长过程中缺乏自信

当孩子被强迫分享时，内心是不快乐的，是压抑的。因为孩子无法反抗而交出了自己心爱的物品。慢慢地，孩子会认为自己连心爱的东西都无法保护，逐渐形成自卑心理。

孩子在成长过程中，安全感是其自信心的来源，而长期被要求分享的孩子会认为家长没有捍卫自己的所有权，从而降低了自身的安全感，进而丧失自信心，甚至会影响长大后的心理状态。

因此，家长要了解孩子的物权意识关键期，注意孩子语言、动作和情绪方面的表现。孩子构建自我意识，其中物权意识是关键内容。如果父母发现孩子已经进入物权意识关键期，要充分理解孩子的心理，帮助孩子平稳度过这一阶段。以下几种做法可供借鉴：

育儿经

（1）给孩子做好榜样

父母的言行都会被孩子机敏的眼睛记录下来。父母要用言行给孩子做榜样。比如，当父母自己想吃水果时，首先问一问家人："要不要一起吃？"父母之间要互相谦让。父母的这些行为都会成为孩子学习和模仿的对象。

（2）把孩子最不愿分享的东西藏起来

作为成人，我们也会有几样东西是特别珍视，不愿借给朋友的。所以我们为什么要强制孩子分享对他来说最珍贵的东西呢？如果是他最爱的玩具或者图画书，就提出要他和别人分享的要求。不过，这要事先和孩子沟通，如果小朋友来家里玩，不要把这些拿出来显摆，让它们"躲在"柜子里，等客人走了再拿出来玩。

（3）尝试角色置换游戏

如果孩子每次被要求分享时，都习惯性地说"不"，那么可以尝试一下角色置换游戏。比如，当孩子提出要你手中的黄色积木或者汽车轨道时，你平静地说："不要！"此时，孩子一定会无法接受。而此时就是让孩子学会换位思考的好机会。然后，你再对孩子说："当你不肯和小伙伴分享玩具时，他们也会像现在的你一样难受。"父母切忌对孩子进行唠唠叨叨的说教，只要能让孩子形成对分享的初步认识就可以。

（4）孩子分享时及时给予表扬

我们总是花太多的时间来让孩子改正不良的行为，却很难在孩子表现好时及时地给予表扬和鼓励。而后者才是能让孩子表现好的充足动力。所以，当孩子主动分享时，我们不要忘记好好地表扬他一番。你要告诉孩子："妈妈看见你和小朋友分享，真的很骄傲！很开心！"

2. 喜欢说谎——思维能力强化的表现

一天晚饭时，朋友又让儿子吃他一向拒绝尝试的蘑菇。这次孩子一反常态地答应了，但提出了一个条件，要爸爸妈妈蒙上眼睛，他再吃。朋友照儿子的要求做了，但是偷偷把手指留了个缝儿，于是她看到儿子从容地把蘑菇送回菜盘，然后往嘴里塞了口饭。

儿子说："妈妈爸爸，你们可以睁眼了，我吃完了！"朋友说："是吗？你嘴里在嚼什么？"儿子回答："啊？你看，全部是蘑菇，真的挺好吃！"朋友又说："那你再吃一点？"儿子拒绝道："不用了，我已经吃够了。"

整个过程中，儿子很淡定。朋友假装什么都没有发现，心里却在嘀咕："他撒谎了！刚五岁说谎就这么从容！简直不可思议！"

儿童心理学认为，撒谎属于一种比较高级的认知活动，需要具有一定的同理心和控制能力以及创造性才能完成。多伦多大学儿童研究所的李康团队研究发现：越早撒谎的孩子越聪明！所以当你发现两岁的孩子开始说谎时，请不要惊慌，这意味着孩子进入了成长的新阶段。

有些家长很困惑，自己在孩子面前非常注重言行举止，为什么孩子还是学会了说谎呢？孩子撒谎主要有以下几个原因：

（1）撒谎是无意识的

孩子还在身体和大脑的发育时期，他的概念界限是模糊的。比如，幼儿园的小朋友兴高采烈地告诉妈妈：“我今天吃饭吃的可多了，吃了一百碗饭，还是第一名呢！”很显然在孩子认为，一百碗饭所表达的意思仅仅是我吃饱了，而且吃的好多。此时，与其说孩子撒谎，不如说孩子只是错误的表达。这样的“谎言”会随着孩子的成长慢慢消失，父母不必大题小做。

（2）用撒谎来避免麻烦

在电视节目《爸爸去哪儿》中，小小春和小泡芙在找人时碰到一个爷爷。爷爷给他们吃了花生，并询问他们的名字。小泡芙如实回答，而小小春却说自己叫陈浩田。其实，我们不要以为小小春是在撒谎，其实他是对陌生人有所防备。孩子有时这种无意识的谎言是为了更好地保护自己的同时，是为了避免不必要的麻烦。

（3）用撒谎来达到目的

有时孩子能准确地揣测到父母的心理。比如，朋友的孩子不喜欢吃蘑菇，但是又不想让妈妈失望，于是就用撒谎来隐瞒实情。这样看来，孩子撒谎的出发点其实是很单纯的。

很多父母一看到孩子撒谎就仿佛如临大敌，好像孩子撒谎就是变坏的开始。其实父母发现孩子撒谎了，不要过于紧张，首先要接纳孩子，不能一味地责骂孩子。然后要了解孩子撒谎的原因，然后采取针对性的措施。

以下几种做法可供借鉴：

（1）父母要信任孩子。

一些父母一发现孩子撒谎了，就想化身侦探，找出孩子犯的所有错误。这是父母不信任孩子的表现，也是家长想要树立权威，想要孩子充分的认同自己的表现。久而久之，孩子就会感到父母对自己的不信任。慢慢地，孩子就会变得不爱说实话。因为孩子无论怎样父母都会怀疑他，说了也没有用，还不如不说。

（2）树立孩子的道德观

父母应该有正确的、积极向上的人生观和价值观，在孩子面前树立自己的形象。孩子会因此潜移默化地受到影响。同时，父母要引导孩子看一些正能量的书籍或电视，让孩子树立正确的是非观。同时，告诉孩子损害他人利益，是不道德的，让他意识到说谎是错误的。

（3）分清孩子的想象和谎言

孩子的想象力非常丰富，思绪天马行空。有时候孩子会把一些幻想当成实际发生的事情来说。这个时候他对现实和幻想没有太清晰的概念，所以这样的谎言是无意识。父母要善于去区分这类谎言。这个年龄阶段的谎言会随着心智的成熟而慢慢消失，所以父母不必太担心。

（4）以身作则

美国心理学家罗伯特·费尔德曼曾经做过一个实验。当人们交谈时，他带上隐蔽的摄像机录下全过程。统计结果令人吃惊，每人每天至少撒了 3 个谎！可见在成人的世界，谎言如家常便饭，每天都在上演。

父母的言行就是孩子效仿的对象，不要为自己撒谎找借口。父母要以身作则，不要随意许诺，只要许诺就要做到，尤其是对孩子的承诺。

（5）给孩子多点关心和爱护

在《游戏力》一书中，劳伦斯·科恩博士形象地将孩子需要关心和爱护，比喻成是一个杯子，需要不断地蓄水。只有当杯子里蓄满爱的时候，孩子才能阳光又自信。而父母的打骂、责罚或者冷暴力，只会让“爱之杯”空得更快，让孩子更加缺乏安全感。可见父母正确对待孩子的态度和方式，对于孩子而言才是健康成长的肥沃土壤。父母要给予孩子温柔又有约束力的爱，接纳和包容孩子的“谎言”，让孩子的内心丰盈而不失安全感。

3. 容易害羞——缺乏自信心，需要父母慢慢引导

有一次，朋友带她的孩子彤彤来我家玩，我带着我家的孩子在门口迎接他们。可能彤彤感觉环境陌生，又被我家孩子的活泼给吓到了，朋友让彤彤跟我们打招呼，彤彤突然抱住妈妈的大腿，拉扯着妈妈的衣服，让妈妈赶紧带她离开。彤彤的脸上露出害怕的表情，似乎要哭出来了。朋友有点儿尴尬，小声地训斥彤彤，说：“你怎么这么害羞，都不懂礼貌。”

菲利普·津巴多在《害羞心理学》中写道：“我们每遇到 10 个人中，就会有 4 个人正在经历着害羞。”害羞是人类共有的特点，具有普遍性和人群分布的广泛性。每个人都或多或少地经历过害羞。

孩子面对陌生的环境时，出现紧张、胆怯的行为是很正常的。当孩子因害羞不敢主动与陌生人打招呼时，家长就会认为孩子没礼貌，催促孩子主动打招呼。这样做反而让孩子更加害羞，甚至产生自卑心理。想让孩子摆脱害羞的状态，我们就需要了解孩子害羞的原因。

（1）本身性格原因

有些孩子内向，比较害羞。每个孩子都有自己的秉性，父母大可不必按照自己的标准来苛求孩子。

（2）缺乏社交锻炼

有些孩子除了跟父母长辈在一起，很少与小朋友交往，这样就使孩子的交往能力得不到锻炼。慢慢地，孩子就会怕见陌生人，怕在众人面前说话。

（3）父母过于严苛

孩子遇到困难时，一旦表现出畏惧的样子，父母就严厉地批评孩子，这只会让孩子更加胆小自卑。因为父母的打击式教育和语言暴力会严重地伤害孩子的自信心。

（4）父母为孩子包办一切

很多父母总是想帮孩子做所有的事情，这就导致了孩子的动手能力弱，就容易在生活遭遇挫折，缺乏自信。

父母过度的保护、过分的溺爱会导致孩子养成依赖心理。一旦孩子独自与人相处，就会变得不自信。缺乏自信，会影响孩子的健康成长。孩子长大后会因为缺乏自信而害怕与人交往，不擅长处理人际关系等，甚至因此影响生活和工作。所以培养孩子的自信心，对于提高孩子的社交能力非常重要。培养孩子的自信心，以下几种方法可供家长借鉴：

育儿经

（1）培养孩子自信心最重要的是倾听、尊重和爱

父母要给孩子充足的爱，并且尊重他。比如，不要随便打断孩子说话，要认真倾听孩子的诉说，让孩子完整地表达自己的想法，然后再适当地给出建议。又比如，父母要经常拥抱和亲吻孩子，多观察孩子的举动，关心他，使他感到这个世界很安全，从而使孩子感受到自身的价值。再比如，不要在别人面前批评和打骂孩子。当父母在别人面前数落孩子的缺点时，孩子听了会很委屈，就更加不愿意表达了，从而导致孩子惧怕社交。

（2）对孩子要多鼓励和欣赏

好孩子都是夸赞出来的。父母千万不要拿自己的孩子跟别人的孩子比较。夸奖孩子要讲究技巧，不能盲目地夸奖。如果孩子觉得你的夸奖水分太多，就会觉得你在欺骗他。渐渐地孩子就会降低对父母的信任。孩子的自我价值感也会因此降低。他会怀疑别人对自己的夸奖及评价，进而变得自卑。

家长在夸孩子时要具体化，应该是发自内心的真正欣赏；有时夸奖孩子的动机比夸奖事情的结果更重要。父母要善于发现并夸奖孩子的优点，这样孩子的优点也会在父母的赞赏中越来越突出。

（3）给孩子自由空间

家长不要过度地限制孩子，要给孩子留有自己的空间，多鼓励孩子做

一些力所能及的事情。当然，让孩子自己做决定，并不代表什么都让孩子做决定。父母必须有把握、有选择地让孩子决定。例如："今天晚饭是想吃小米粥，还是八宝粥?" 最好不要问："今天晚上想吃什么饭?" 万一孩子回答要吃海参鲍鱼呢。所以，让孩子选择的时候家长一定要把握好尺度。

一位学者说过：自信是能力的催化剂，信心能把人的一切潜能调动起来，并将身体各部分的功能调整到最佳状态。自信心需要培养，我们可以帮助孩子发扬优点，以己之长，克己之短的方法来培养孩子的自信心。当孩子建立了自信时，就不会再惧怕社交，也就可以培养孩子的交际能力了。

4. 模仿大人说脏话——想获得大人的关注

我家孩子一岁半时，受电视剧影响，学会了一句脏话。那时，孩子爸爸很喜欢看一部美剧，经常吃完饭就坐在电视机前。因为我要忙家务，孩子就跟爸爸一起看电视待。电视剧里总会冒出一句脏话。孩子爸爸有时也会不自觉地说出这句脏话来。当时孩子还不太会说话，却突然学会了这句脏话。这让孩子爸爸很惊讶。他听到后感到非常好笑，还夸孩子聪明。

此后，孩子为了吸引大家注意，时不时地重复这几个字。为了逗我们开心，不管你跟他说什么，他都会重复这个单词。其实，在孩子的理解中，这句话是能让大家笑，能引起大关注的。

孩子说脏话时，很多家长容易反应过度。家长不理解孩子说脏话的原因，尤其是孩子会不顾家长的禁令，一遍又一遍地重复这些话。这让父母认为孩子很 " 淘气 "，感觉孩子的行为很不端。孩子说脏话的原因一般有以

下几个方面：

（1）新鲜好玩

孩子还小，没有明确的是非观念。他们对于脏话代表的含义也不甚了解。他们说脏话，只是觉得新奇好玩，以此来表现自己或引起注意。即便是家长十分愤怒，他们也不会意识到自己的错误，反而觉得很好玩：“你看，我说的话起到了这么大的作用！”

（2）寻求团体认同感

孩子虽小，但也要与人交往，融入集体。如果他认识的人群中，有人脏话不离口，孩子为了更快地被接纳，就会模仿别人，使用大家都认同的语言，久而久之，就养成了脏话连篇的习惯。在父母看来，孩子交了坏朋友，沾染了坏习惯。但是，在孩子看来，说脏话只是一种需要。孩子在主观上并没有侮辱别人的想法。

（3）有意识的脏话

3 岁以上的孩子说脏话时，除了出于好玩、互相模仿外，还具有一定的选择性。他们能够初步理解脏话的含义，并对特定的对象说脏话。这是一种有意识的行为。当然，孩子在与小伙伴发生矛盾或者受了欺负时也会说脏话，以此来发泄不满。

（4）父母对孩子的强化记忆

孩子有时会出于好奇说脏话，他们并不了解脏话的含义。年龄小的孩子说脏话，父母可能会觉得好玩，并不以为然。如果年龄大的孩子说脏话，父母会很生气，训斥孩子，甚至暴力相加。不管是哪种原因，父母的反应都会对孩子说脏话的行为进行了强化记忆。

心理专家解析，在一定的阶段，小朋友都喜欢用脏话来表达情绪或开玩笑，并乐此不疲，丝毫没有“脏”或“不雅”的感觉。这是孩子学习语言交流的一个必然过程，而并非侮辱或谩骂别人。孩子说脏话，是因为他们发现了这些词汇能让成年人紧张，让小朋友效仿，甚至以此占据心理优势。当孩子说脏话时，父母可以采取以下几种方法，来纠正孩子的行为：

育儿经

（1）冷处理

孩子说脏话时，家长的第一反应就是斥责孩子。其实孩子有时候根本不知道脏话的意思，只知道他一说脏话就会引起父母的关注，甚至脏话当成引起别人关注的工具，养成了习惯，一想被关注就说脏话。

对此，爸妈不要着急斥责孩子，先冷静下来，看孩子是否真的知道脏话的含义，不要对他采取任何行动，漠然视之，装作没听到。慢慢地，他觉得无趣就不会再说脏话了。

（2）解释引导

父母要告诉孩子这些脏话是不好的词，会引起人们的反感和不喜欢。当孩子知道说脏话会让人讨厌，甚至会失去朋友，没有人愿意和他玩时，孩子就会意识到说脏话的危害。父母还要给孩子立个规矩，不能说脏话。

3）以身作则

孩子说脏话一般是受了身边人的影响。家长自己要做孩子的好榜样，不说脏话。如果身边有人在孩子面前说脏话或者教孩子说脏话时，父母要告诫他们，避免带坏孩子。

孩子的教育是一个艰难的过程，家长要在平时的生活中时刻注意自己的言行，并且有针对性地对孩子进行教育。只有这样孩子才能健康成长。

5. 特别排斥陌生人——敏感脆弱，缺乏安全感

有一年，我带孩子回外婆家过春节。因为武汉比较冷，我们大多数时间都待在家里，很少接触外边的人。而且家里人也比较少，只有我和孩子、外婆、外公，孩子爸爸因为有事没有回武汉。

从武汉回来后，孩子突然就变得特别怕见陌生人，害怕待在陌生的环境里，见到陌生人就往我的怀里钻，也不愿意与别的小朋友玩，更不愿意去人多的地方。但是孩子在家里还是很活泼。当时我很害怕，担心孩子会得自闭症。

后来我才知道，孩子开始怕生，害怕和陌生人说话，甚至不敢和小朋友主动接触，这是因为孩子的世界观开始逐渐健全，所以产生了强烈的不安全感。这是孩子敏感脆弱的表现。敏感脆弱的孩子主要有以下特点：

（1）容易感知到外界的变化

比如，幼儿园新来了一位老师，敏感的孩子会很不适应，上课注意力不集中。又比如，有的孩子到了陌生的地方会吃不进饭；换了床就不愿睡觉；不愿意接受自己不熟悉的事物。

（2）容易情绪化

敏感的孩子在与小伙伴的相处时，经常会感到委屈、焦虑，甚至哭闹。严重的孩子，还会一言不合就开打。

（3）心思细腻，懂得察言观色

如果父母说话声音稍微大点，敏感的孩子就会以为父母生气了，或者在吵架。敏感的孩子做事会非常小心，从来不敢做有点儿冒险的事。

（4）害怕陌生人

敏感的孩子，在陌生人面前会更加敏感，在生人面前不敢大声说话，甚至躲在角落或房间里不肯出来。

（5）经不起批评

大人只要说话语气稍微重了点儿，敏感的孩子就以为是批评自己，会抽泣。还有的孩子，会因为一句批评而吃不下饭，睡不着觉。

（6）性格内向

敏感的孩子人际交往能力较差，不敢主动与人交流。他们喜欢独自安静地玩熟悉的游戏。敏感的孩子依赖性强，不愿表达自己的要求。

当孩子出现上述现象后，很多家长总会不自觉地想让孩子变得开朗大方一些。更有一些激进的父母，会逼着孩子去跟陌生人说话，甚至去公开场合演讲。

其实，敏感是把双刃剑，既有缺点，又有优势。很多艺术家、心理学家都是心灵敏感的人。正是因为敏感他们才能够感知到别人无法认识到的哲理、感悟和一切美的事物。

所以，千万别把孩子的敏感与脆弱当成一种罪过。父母要做的就是接纳孩子的性格特点，帮助孩子去接纳不完美的自己。如果孩子连自己的人格特点都无法接受，那么他的一生将会排斥自我。父母要对敏感的孩子进行正确的引导和教育，培养孩子自信大胆的性格。以下几种做法可供家长借鉴：

（1）给孩子一个温馨的家

孩子喜欢安静的环境，环境越吵闹，孩子就会越焦虑、敏感。家里的人不开心、不舒服，他都能够感知到。所以，父母一定要保持家庭氛围的安静和谐。家长尽量别当着孩子的面生气、发脾气。另外，如果孩子哭闹时，父母也别跟着紧张，对他们大吼大叫，而是应该保持心平气和，耐心地安慰他们，平复他们的情绪，使他们安定下来。

（2）给孩子更多的关爱

父母对孩子表现出亲昵的样子，可以让孩子获得安全感。父母应该多抽出时间来陪伴孩子，让孩子感觉到父母的爱。例如，可以在睡觉的时候，亲吻一下孩子；或者和孩子一起玩游戏。这些看似简单的举动，都会让孩子更加有安全感。

（3）倾听孩子的内心

不管多大的孩子，他们“不可爱”的行为，通常都是在呼唤爱！孩子做了错事后，父母不要劈头盖脸地一顿骂，应该冷静下来，耐心地询问孩子为什么这么做。孩子也需要父母的倾听和尊重。只要父母鼓励孩子说出自己的想法，认真倾听，就会真正走进孩子的内心。

除了尊重孩子，尊重孩子的选择、态度、处理方式和感受，最重要的是要接受孩子的一切。只有这样才能找到更好、更适合孩子的教育和引导

方法。请永远记住：孩子永远有权利选择他要不要去做，要什么时候去做。而我们要做的，就是选择用什么方法来引导他去做！

（4）多带孩子出去走走

父母有空的时候多带孩子出去走走，不要让他窝在家里只和家人待在一起。父母可以带孩子去看画展，让孩子知道可以利用自己的敏感，做很多美好的事情。而且孩子最爱出去“疯”了！让孩子多接触人群，多接受外面的新鲜事物，呼吸一下外面的新鲜空气，他们的心情也会跟着舒畅起来。

6. 不爱帮助别人——缺乏同情心，共情能力差

有一次，我去幼儿园接孩子，发现有一个小朋友在哭。我就问孩子，小朋友为什么会哭？孩子极为不屑地告诉我，那个小朋友是一个爱哭鬼，动不动就哭。老师和小朋友都不喜欢她。孩子还让我不要理那个小朋友。

我听了十分异极。当时我心里想，是不是自己的孩子缺乏同情心，不愿意帮助别人呢？孩子看到自己班的小朋友哭得那么伤心，却无动于衷。万一我老了，孩子也这么冷漠地对待自己怎么办？

于是我就给孩子讲道理，那个小朋友可能因为某些事情很难过。如果连身边的小朋友都排斥，不愿意和她说话，不愿意和她玩，那么她肯定会更伤心的。谁知孩子极不情愿地说：“我就是不喜欢她啊。”我一下子不知道该对孩子说什么了。

当家长发现孩子缺乏同情心时，一定要注意观察，认真分析原因。导

致孩子缺乏同期心的具体原因主要有以下几个方面：

（1）极端的家庭教育方式

孩子没有同情心，一般是由极端的家庭教育方式造成的。在现代家庭中，有些父母经常要求孩子的一言一行必须听自己的。孩子的行为与要求稍有偏差，家长便大声呵斥和体罚。这种苛刻的教育方式会阻碍孩子同情心的萌芽和发展。

此外，体罚也会对孩子的心理造成不良影响。倘若孩子经常被罚，孩子就会很少对同伴的“不幸”表现出关切心理。

极端的教育方式还包括父母过于溺爱孩子。现在孩子多为独生子女，父母一般会宠着孩子，生怕孩子受到任何委屈，久而久之，很容易造成孩子自私、蛮横的个性。他们总是以自我为中心，不会从别人的角度思考问题。

（2）家长对孩子的同情心发展漠不关心

不少父母只关注孩子的学习成绩，并不关注孩子是否有同情心。虽然现在提倡德智体全面发展，但父母更注重孩子的智力培养，忽视了培养孩子良好的个性，这也是孩子没有同情心的重要原因。

另外，父母在和孩子交流时，缺乏一些有效的交流技巧，久而久之，孩子就会变得冷淡、自私，处处以自我为中心。

（3）孩子的心理需求未被关注和满足

孩子缺乏同情心，主要是因为父母很少关注孩子的心理需求。如果孩子的心理需求没有得到足够的关注和满足，那么他的个性就会变得压抑，甚至用极端行为来释放压力。比如，虐待小动物。这样一来，培养孩子的同情心就无从谈起。

当父母发现孩子缺乏同情心时，一定要引起注意。缺乏同情心的孩子，不会关心。他通常只注意自己的感受，有情绪的时候也会发泄，但是对别人的情绪变化不管不问，很少关注，更不要说关心了。缺乏同情心的孩子，即使发现了别人情绪上的不同，表现也比较冷漠，淡然处之。

缺乏同情心的孩子，看到他人遇到困难时，不会伸出手进行帮助，表现比较自私，也有点冷漠无情。孩子缺少同情心，就很容易形成冷漠、孤僻、不合群等挑剔的性格，也不会站在别人的角度去分担别人的痛苦或无助。

缺乏同情心的孩子，坦然地接受父母的情感关爱和物质给予，却很少表达对父母的关心，不懂得心疼父母，亲子关系也不是很好。

当家长发现孩子缺乏同情心时，首先要分析产生的原因，然后有针对性地对孩子进行引导和教育。以下几种具体做法可供家长借鉴：

育儿经

（1）多与孩子讨论情绪和感觉

父母要多与孩子讨论情绪和感觉，让孩子能够正确识别不同的情绪和感觉。同理心建立在孩子能够正确解读别人情绪的基础上，之后才会对他人产生同理心，共情能力也会因此得到发展。

（2）父母的言传身教

孩子没有同情心，家长不能全部归结为孩子的错。如果家长缺乏对孩子共情能力的培养，就会让孩子形成自私的品性，孩子很难产生同情心。

孩子没有同情心，和家长自身的行为有着密切关系。比如家长对孩子一味地满足，一味地迁就，百依百顺；有的家长对别人的困难和不幸无动于衷。受家长影响，孩子也就养成了自私、任性的性格。

因此，父母的亲身示范比讲道理更有效。父母要与孩子建立较好的亲子关系。孩子心情愉悦，情绪比较稳定，才会有同情心，才能够设身处地地为他人着想，学会顾及别人的情绪。

（3）与孩子进行角色扮演游戏

随着孩子的年龄增长，自我意识开始增强。父母通过和孩子玩角色扮演的游戏，让孩子学习站在不同的角度进行思考，从而学会站在别人的立场感受不同的情绪表达。这样做，有助于培养孩子的同理心，让孩子的共情能力得到发展。

家长对孩子同理心的教育，会让孩子懂得顾及别人感受，能够体会他人情绪的表达，也会富有同情心，懂得关心和安慰别人。有同情心的孩子，人际关系也会得到很好的发展，也能具有很好的社会适应能力。

7. 总是喜欢捣乱——这是内心孤僻的表现

我家的孩子班上有一个小男孩，总是被其他孩子投诉——拿了别人的玩具，人家骑车他故意挡道，把人家书包藏起来……每次小朋友来投诉，男孩妈妈只能让他去给小朋友道歉，归还人家的东西。可是不久，他又开始故伎重演。

这个男孩总是捣乱，把同学的水杯弄翻，往人家饭碗里扔橡皮泥。虽然老师没少批评他，却治不了根。有一次，男孩和我家的孩子一起玩，突然觊觎孩子手中的玩具车。因为我家的孩子对车情有独钟，“保护”得很好，他没有得逞。

后来，男孩跑到我的跟前，粗鲁地打开书包。他把书包里孩子的外套拿了出来，威胁我的孩子说：“你要是不给我玩，我就往你的衣服吐口水。”能想到这一招，真是让人醉了。

最后，男孩妈妈训斥了他一顿，才阻止了他的行为。男孩妈妈无奈地对我说：“在家里，他总想出来玩，可是一出来就捣乱。真的是心烦啊。”我安慰她说：“他喜欢捣乱，肯定是有原因的。你找机会和他聊聊，或者多关注他。”

其实，孩子每一个行为背后都有他们的诉求，就是希望被家长看到。如果没有达成“愿望”，他们就会继续这个行为，甚至愈演愈烈。从心理学角度来说，捣乱也是孩子孤僻心理的一种表现。孩子爱捣乱，是因为他们的心理上有“需求”，比如：

（1）渴望得到关注

孩子都希望得到父母的关注。如果这种需求无法被满足，他们就会制造一些“动静”来吸引父母的注意。很多父母工作忙，即使陪伴孩子也是心不在焉，所以孩子总是故意制造事端，想引起老师和父母的关注。

（2）嫉妒心太强

有的孩子看到别人某件事比自己做得好，或者拥有自己没有的东西，就会通过“捣乱”来表达嫉妒。比如，男孩往小朋友的饭碗里扔橡皮泥，是因为那个小朋友吃饭不挑食，还吃得快，总是得到老师的表扬。

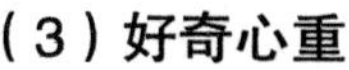

孩子的好奇心要比成年人重，渴望了解更多的事物，这实际上是一种探索和学习。父母越不让做的事情，孩子偏偏去做。在父母眼里，这种“偏执”就是捣乱。

孩子捣乱，虽然不是道德意识的直接反应，但是任其发展，就会形成不良习惯，不利于孩子的健康成长。我们要弄清孩子捣乱的原因，对症下药，纠正孩子的行为。以下几种做法可供家长借鉴：

（1）关心孩子

有一段时间，我忙着赶稿子，很少带孩子出去户外活动。孩子从幼儿园回来就玩玩具或者看电视。那天，他用一个玩具车，把我的花草都碾压了。孩子还喊我过去看，说他的车子特别厉害。我强忍怒火，没有发脾气，用平静的口气告诉他，这样做是错误的。妈妈会难过，花草也会伤心。他低着头嘟囔着说：“我只是想让你陪我玩一会。”

对于渴望得到关注的孩子，父母就可以给予更多的关心，多和孩子交流，高质量陪伴孩子，让孩子感受你的爱，不必通过“捣乱”来吸引父母的注意。

（2）冷处理

我的孩子曾经故意把水杯里的水倒在玩具上。他在倒水前故意大喊：“妈妈，我要倒水哦！”奶奶赶紧阻止道：“不能！”但是，这根本没用。孩子反而“哈哈”笑着举着水杯往玩具上倒水。第二次，孩子又举着水杯大喊：“妈妈，我要倒水哦!”这次没人回应他，因为奶奶在做饭，我在叠衣服。孩子又大喊了一次：“我真要往玩具上倒水哦!”大人连头也没回。这次，孩子反而把水杯放在了茶几上，气鼓鼓地一边嚷嚷着“不好玩”，一边走进了房间。

有些孩子捣乱，是因为表现欲过剩。他们没有什么恶意，只是为了吸引他人的注意，或者想要逗别人开心，或者想看别人着急来制止自己“捣乱”的样子。

所以，如果孩子的“捣乱”行为没有带来什么严重后果，父母就可以采用“冷处理”的方式对待。

（3）保护好奇心

我的孩子小时候，把洗衣粉倒进了鱼缸里。结果可想而知，几条金鱼全死了。面对这个惨状，孩子难过地说：“我以为它们吃了洗衣粉，会吐出更多的泡泡。”我清理好鱼缸，告诉他：“洗衣粉里有一些东西，是有毒的，不可以吃。所以不管是我们，还是金鱼，都不可以吃洗衣粉。下次，你不知道的事情，可以先问问爸爸妈妈，然后再确定是否可以做。”

如果孩子因为好奇而捣乱，父母不要斥责孩子。这样会让孩子遇到事情缩手缩脚，失去主见，好奇心也会随之消失。而好奇心是孩子进步的敲门砖，对于孩子的好奇心，父母要耐心引导。父母要正视孩子的错误，耐心引导，给予孩子足够的关爱。这样就能让孩子的小错误开出最美丽的花，成为人生路上最好的点缀。

8. 选择性缄默症——这是心理不安的表现

上幼儿园大班的第一天，我带孩子去报道。当小朋友兴高采烈地进教室寻找座位时，我看到有个小女孩挣扎着被妈妈推进了教室。和小朋友不同的是，小女孩见到新老师和新同学，眼里没有好奇和兴奋。她拒绝做自我介绍，然后坐在最后一排的位子上，眉头紧皱，眼里充满了胆怯与不安。

老师以为这是小女孩进入新环境的应激反应，但是一个星期后，小女孩的表现依然这样，这令老师很是担忧。小女孩一进幼儿园就一言不发，充满了不安。小女孩走路老是蹭着墙，不和任何小朋友来往，也拒绝和任何人交流。每当老师试图接近她时，她总会反射性地往后退，眼神里透着恐惧。团体活动时，她一动不动，也不和小朋友玩。小女孩妈妈，说孩子平时在家很活泼，话也很多，但不知道为什么到了幼儿园就成了这样。

如果孩子出现上述现象，家长就要留心了。孩子可能患了“儿童选择性缄默症”。儿童选择性缄默症多发生在3–5岁，属于一种精神障碍。选择性缄默症的具体特征主要表现在以下几个方面：

（1）长时间沉默不语

选择性缄默症主要表现为沉默不语，甚至很长时间一言不发。这种缄默是有选择性的。孩子与熟悉的人讲话时，表现很正常，但对陌生人保持沉默。

（2）用手势、点头等动作代替说话

选择性缄默症的孩子，在缄默时，会用做手势、点头、摇头等动作来表达自己的意见，或者用“是”“不是”“要”“不要”等最简单的词语来代替回答问题。在学会写字后，有些孩子会用写字来表达自己的意见……选择性缄默症的孩子很少用语言与别人交流，总是沉默寡言。

（3）不愿参与集体

选择性缄默症的孩子在入园前不易被父母发现，可能孩子在家是活泼的、话多的，但是到了幼儿园以后就变得沉默寡言，不愿说话。这类孩子常被父母认为是胆小、害羞。直到入园后，他们选择缄默，表现为不愿回答任何问题，不愿与其他小朋友接触，不愿参加集体活动……这时才被发现。

父母和老师在日常生活中应该注意孩子一些细致的心理变化和行为变化，及时地纠正孩子的行为，使孩子获得身心的健康成长。家长帮助孩子走出“儿童选择性缄默症”，以下几种方法可供家长借鉴：

育儿经

（1）为孩子创造良好的家庭环境

父母不要对孩子的粗暴呵斥，给孩子营造一个良好的家庭氛围和成长环境，帮助孩子健康成长。父母对选择性缄默孩子要多一点细心的观察，多带领孩子参加集体活动，要适当地帮助和引导孩子去认识其他人，认识新的邻居、认识邻居家的小朋友等。父母在帮助孩子接触新人和新环境的时候，不要对孩子产生过多的疑问。父母要积极地接纳孩子的想法，让孩子认为父母和自己是在一个立场的，增加孩子的信任感，从而进一步调动孩子的参与性，让孩子体验到主动沟通带来的愉悦。父母的正确引导，能够增加选择性缄默孩子的信任感和安全感，为孩子提供精神层面的支持。

（2）增加孩子与外界的互动

老师可以让小朋友给选择性缄默的孩子提供一些帮助，带着他一起玩。老师要尽量让选择性缄默孩子减少独处的机会，让孩子感受到和小朋友们一起玩耍的快乐，体会到集体的力量和温暖。例如，幼儿园组织团体活动：团结起来力量大。老师可以带领小朋友一起带动选择性缄默的孩子加入集体游戏。对孩子有吸引力的游戏，能够让孩子从中获得参与感和快乐感，体验交往的乐趣。

（3）从兴趣入手，转移孩子的紧张情绪

父母和老师可以了解选择性缄默类孩子的兴趣，引导他们多与有共同兴趣和爱好的人交流，多开口说话。当孩子把注意力放在自己喜欢和感兴趣的事情上时，紧张情绪就会得到缓解。父母和老师在孩子投入喜欢的事物并且取得进步时，应及时给予鼓励和表扬。家长和老师可以给孩子最喜欢的东西作为奖励。如此经常锻炼，孩子就会在与陌生人交往时变得自信和放松，不再保持缄默，能够与人自由地交流。

（4）避免精神刺激，给予孩子更多关爱和帮助

由于孩子的选择性缄默症会影响社会交往能力的发展，父母和老师在发现此种现象时应该及早采取针对性的措施，帮助孩子建立与人交往的自信心。父母可以设计一些锻炼听说能力的游戏、角色扮演等，以此来锻炼孩子的语言表达能力，提升交往的技能。父母要经常与孩子进行深入的沟通，了解孩子的内心，以减轻孩子内心的紧张和焦虑。

六、自我中心主义，为我之后才可以更好地为他人

孩子最令人温暖，又最让人头痛。在与孩子相处时，我们会发现有的孩子十分贴心、懂事，有的孩子以自我为中心，比较自私。“人之初，性本善。”孩子的本性是纯良的。当父母发现孩子以自我为中心时，要及时地采取针对性措施，对孩子进行正确的引导，以保证孩子能够健康成长。

1. 做事斤斤计较，爱讲条件——功利心萌发

在生活当中，很多孩子到 3–5 岁时十分喜欢与父母讲条件，我的孩子也是这样。例如，让他去睡觉，他就会要求明天去超市买零食；让他好好写作业，他就会要求晚上多看会儿电视等。我开始感觉到这样做的弊端。这会让孩子不明白什么是自己应该做的事，什么是自己应尽的义务与责任。凡事都讲条件，不利于孩子树立责任心。于是我开始在生活上对孩子进行引导，孩子逐渐变得做事不谈条件了。

孩子做事谈条件一般有三种原因：一是孩子幼小，对自己没有清晰的定位，没有正确的是非观念。在孩子的认知中，通常都是以自我为中心，自己就是老大，周围事物均围着自己转。孩子对于很多事情，一般只有愿不愿意做，没有应不应该做的认知。二是孩子谈条件的毛病，很大程度上来说是从父母身上学来的。孩子会无意识地模仿父母的言行举止，换句话来说，孩子就是父母的镜子。三是孩子做事讲条件，是功利心萌发的表现。孩子会尝试通过谈条件来获得自己想要的东西。这也意味着孩子的思想开始逐渐步入成熟。

当孩子喜欢做事谈条件时，如果任其继续发展，将会造成以下几个后果：

（1）孩子开始逃避事物

如果孩子爱谈条件的毛病没有得到家长的正确引导以及纠正，久而久

之就会变本加厉。例如，开始只是“我好好写作业，你就给我买玩具”，到后来就会演变成“不给我买玩具，我就不写作业”。这俨然已经成了威胁父母，孩子通过这种方式来逃避自己的责任。例如，“你不带我去游乐园，我就不去学校”等。这不利于孩子树立正确的是非观念。

（2）责任心缺失

如果父母满足孩子开出的条件，以此来让孩子完成自己的事情，这容易让孩子分不清哪些是自己应该做的。例如，父母答应了孩子提出的条件，孩子才愿意洗自己的碗。这会让孩子有一种“我在帮你做事”的意识，但是，无法让孩子明白“责任”两个字的意义。在这种情况下成长的孩子通常会缺少责任心，不利于以后的社会生活。

（3）想要的东西自己不会争取

如果家长满足孩子开出的条件，会让孩子认为自己想要的东西可以通过与父母或其他人谈条件获得，从而不愿意付出努力，也不愿意去争取。在孩子小的时候，父母以这种方式与孩子相处，会让谈条件这种习惯在孩子长大之后根深蒂固，成为孩子今后发展的障碍。

因此，当家长发现孩子做事喜欢谈条件时，一定要第一时间加以引导，使其改掉这一不好的习惯。以下几种方法可以给家长借鉴：

育儿经

（1）父母不与孩子讲条件

很多父母在与孩子相处时，也会有谈条件的行为。例如，不把饭吃完，

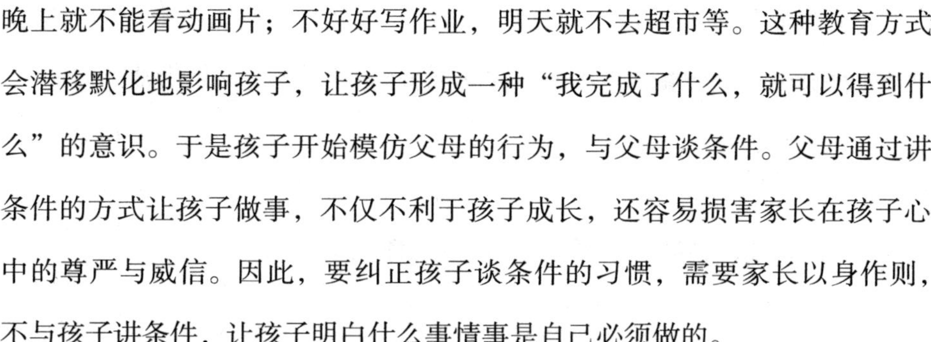

晚上就不能看动画片；不好好写作业，明天就不去超市等。这种教育方式会潜移默化地影响孩子，让孩子形成一种“我完成了什么，就可以得到什么”的意识。于是孩子开始模仿父母的行为，与父母谈条件。父母通过讲条件的方式让孩子做事，不仅不利于孩子成长，还容易损害家长在孩子心中的尊严与威信。因此，要纠正孩子谈条件的习惯，需要家长以身作则，不与孩子讲条件，让孩子明白什么事情事是自己必须做的。

（2）让孩子自己承担后果

当孩子与我们谈条件时，家长不需要和孩子讲条件，只需要让孩子承担一次后果。当孩子无法尝到谈条件的甜头时，下一次他就不会这么做。例如，孩子说：“不让我看电视，我就不吃晚饭。”那就让他饿着好了。少吃一顿饭，没有什么大不了的。这次让孩子尝到谈条件的苦果，下一次就不会再这样威胁家长。

（3）给孩子制定规则

在孩子的成长过程中，家长需要让孩子明白，什么是应该做的事情，什么是不应该做的事情。父母给孩子制定一个规则，比与孩子谈条件要有用得多。实际上，很多孩子一开始谈条件只是试探性的。这时家长只需要坚持自己的原则，保持作为家长的威严，孩子就不容易形成谈条件的坏毛病。

（4）给予孩子精神鼓励

随着孩子一天天地长大，他们的世界观也在一点点的形成。家长不要总是使用物质手段来激励孩子成长。因为这样会让孩子变得崇尚物质，甚至物质观念大于是非观念，由此影响孩子的健康成长，甚至会为了获得物质利益而不择手段。实际上，在孩子的成长过程当中，精神鼓励是很重要的。父母在精神上给予孩子的温情与鼓励，是物质鼓励无法替代的。这会使孩子的感情更加细腻，更加有责任心和爱心。

2. 容易嫉妒——爱慕虚荣的心里作祟

每一个孩子都是纯洁的天使。但是，随着孩子的逐渐长大，开始慢慢变得不那么单纯了。我们发现，很多孩子会变得有嫉妒心。他们或是嫉妒别人的穿着，或是嫉妒别人的玩具，或是嫉妒别人的成绩等。当然，这并不能说明孩子变坏了。

我家孩子也是如此。有时我抱别人的孩子，他就会闹，甚至大哭。有一次孩子到别的小朋友家玩。孩子看到别人的玩具，拿起来就摔。我赶紧制止。事后我问他：“为什么摔别人的玩具?”他说：“因为我没有。”我意识到孩子开始产生嫉妒心了。于是我开始教育孩子，在生活上给予引导。渐渐地，孩子的嫉妒心开始转化为变优秀的动力。

实际上，孩子产生嫉妒心，是因为他们渴望得到某样东西，却无法得到，因此夹杂着羡慕、愤怒、自卑以及渴望等复杂的情绪。而孩子由于嫉妒而做出的事情，往往只是希望得到别人的关注罢了。

要想对孩子的嫉妒心理进行疏导，首先我们要知道孩子为什么会产生嫉妒心理。心理学家史密斯发现孩子产生嫉妒，心理的原因主要有以下四个方面：

（1）相似性

相似性，是指年纪相仿。例如，家长夸奖别的孩子，而没有夸奖自己孩子时，若对方与自家孩子年纪相仿，则自家孩子会伴随着愤怒情绪，产生嫉妒心理。若对方比自家孩子年长，则自家孩子很少会出现嫉妒心理。

（2）相关性

相关性，是指孩子的学习或生活相接近。比如，看到别的孩子有更新、更好玩的玩具，而自己的玩具却是旧的，此时孩子会产生一种心理落差，一方面对别人的新玩具感到羡慕、渴望，另一方面对自己的旧玩具感到自卑，从而产生嫉妒心理。

（3）低控制性

有时孩子会觉得，无论自己付出怎样的努力，自己想要的东西都没法得到，而别人却轻而易举地获得了。这就是低控制性，它很容易引起孩子的嫉妒心理。

（4）主观公平感

在这种情况下，孩子常会因觉得自己遭受了不公平对待或是某些偏见，从而产生嫉妒心理。比如，随着二胎政策的开放，很多家庭都选择了生二胎。这时候，很多家庭中的老大通常会觉得父母的爱被老二抢走了，自己被忽视了，于是产生了嫉妒心理。

嫉妒通常会使孩子的内心变得敏感、偏激。如果孩子养成了嫉妒的个性和习惯，这将对身心的健康成长十分不利。而且，嫉妒心理随着年龄的增长，还会变得更加严重，甚至做出一些害人害己的事。因此，家长一旦发现孩子产生了嫉妒心理，就需要对孩子进行适当的引导，确保孩子健康成长。以下几种方法，可供大家参考。

育儿经

（1）多给予鼓励

家长不要吝啬自己的鼓励，对于孩子的进步和成绩要给予肯定。此外，还要经常鼓励孩子积极向上，努力进取，乐于助人，勤奋好学。家长要让孩子知道，自己想要的东西必须通过自己的努力来获得，好成绩是靠自己努力争取的。不要等到别人达到了自己的目标，才后悔自己为什么不像别人一样努力。

（2）对于别人的赞许要客观适当

“别人家的孩子”通常都会出现在每一个人的童年当中。很多父母喜欢用别人家的孩子来对比自己的孩子，有的父母对于别人家孩子的赞许甚至十分夸张。实际上，这样做不仅不会让自己孩子向优秀的孩子看齐，反而会让孩子产生嫉妒心理。因此，父母对于别人孩子的赞许，要做到尽量客观适当，点到为止，不要盲目夸大事实，否则很容易让孩子产生不服气的心理，因此引发嫉妒心。

（3）引导孩子将嫉妒心转化为竞争意识

实际上，很多孩子嫉妒别人，是因为不甘落后于人。这时候父母可以寻找方法，将孩子的嫉妒心转化为竞争意识，将这股不服输的劲儿化为积极上进的动力，努力超过别人，使自己变得更加优秀。父母要让孩子明白，他不需要去嫉妒小朋友，他也可以做得很好。

（4）以身作则，树立榜样

家长要教育孩子设身处地地为他人着想，学会换位思考，理解他人。同时，家长首先要以身作则，为孩子做好示范。父母是孩子最熟悉的人，因此父母对孩子的影响力十分深远。要让孩子从小树立良好的思想意识，不斤斤计较，父母自己首先要做到宽厚待人，心胸豁达，给孩子当好榜样。

3. 在学校不合群——内心孤僻，不爱社交

在孩子的成长过程中，家长会面临很多难题。其中最让人担心的就是孩子性格孤僻，不爱社交，在学校不合群。我的孩子刚上学时，我就发现了孩子的这个问题。有一次我到幼儿园接孩子。我看到很多小朋友三五成群地聚在一起玩。我的孩子却一个人玩。回家后我问孩子：“和小伙伴相处得怎样啊?”孩子不说话。我意识到，我的孩子可能出现了不爱社交的问题。

导致孩子不爱社交、不合群的原因大致可以分为以下三种：

（1）过度保护

孩子无疑是父母首要的保护对象。孩子年纪较小，对于孩子来说外面的世界要危险得多。很多父母在孩子小的时候不愿意带孩子出门，害怕孩子抵抗力差，容易生病；等孩子稍大的时候，父母又害怕汽车、人贩子等不安全因素，还是选择把孩子保护在家。在父母的过度保护下，孩子不能经常与外面的世界接触，于是便开始畏惧外面的世界。长此以往，孩子在潜意识中就会认为，外面是危险的，只有家中才是最安全的。在这种环境下成长的孩子，容易胆小怯弱，害怕和陌生人接触。

（2）心理因素

多数孩子不合群，是因为无法对环境是否安全进行判断。例如，当遇到陌生的小朋友时，孩子不愿意与其交流，因为孩子的潜意识中无法判断陌生人是危险的还是安全的。因此不合群是孩子潜意识状态下的一种自我保护机制。

另外，自卑心理也会导致孩子不合群。有的父母在教育孩子时，喜欢揪着孩子的错误，不问青红皂白，将所有错误全都推到孩子身上，因此造成了孩子的自卑心理。自卑的孩子通常行事唯唯诺诺，不敢表达自己的想法，不敢尝试新鲜事物，在社交中也很难踏出第一步。

（3）过度溺爱

有的孩子不合群是因为不愿意与人交往，而有的孩子不合群则是因为受到其他孩子的排斥。这是因为孩子在家里备受父母和长辈的过度溺爱，比较自私，不为他人考虑，我行我素。孩子们不喜欢与自私的孩子一起玩，排斥这样的孩子。久而久之，就造成了孩子的不合群。

父母不要以为孩子不爱社交、不合群，只是孩子的性格问题，无伤大雅，实际上这样的问题通常会造成严重的后果。如果放任不管，孩子就很容易演变为回避型人格。因此，当发现孩子不合群，不爱社交时，家长要及时引导和教育孩子，帮助孩子树立自信，有意识地培养孩子的社交能力。当发现孩子不合群时，以下几种教育孩子的方法可供大家借鉴：

育儿经

（1）经常带孩子去小朋友多的地方

父母要经常带孩子去小朋友多的地方，让孩子多和小朋友一起交流，做游戏。父母可以给孩子拿一些小玩具或者小零食，毕竟小朋友都喜欢玩玩具，吃零食。有零食与玩具，小朋友们很快就会玩在一起。

（2）鼓励孩子多交朋友

父母可以邀请孩子的同学、邻居的孩子来家中做客。当小朋友们遇到问题时，父母可以多鼓励他们通过团结协作来解决。

（3）教孩子一些社交技巧

例如，孩子想玩别人的玩具时，可以先称赞小朋友的玩具好看，然后询问："你的玩具真好看！我可以和你一起玩吗？"毕竟没有哪个小朋友不喜欢得到别人夸奖的，哪怕是夸奖自己的玩具。当然，父母要告诉孩子，自己的玩具也可以分享给别的小朋友玩，与小朋友换着玩玩具。这时候，父母可以教孩子对别的小朋友说："这是我的玩具，我能跟你换着玩吗？"

（4）与孩子一起游戏

父母可以参与孩子们的游戏，并且做出很开心的样子，从而吸引自己的孩子参与游戏，与小伙伴们一起玩耍。

（5）教育孩子要恩威并施，不能一味地严厉

当孩子犯错时，父母要及时给孩子指出，并帮助其改正。同时，父母

应该多鼓励孩子，不要吝啬自己的夸奖，对与孩子的进步要给予肯定，帮其建立自信。

4. 对长辈没有谦让之心——自私自利的天性所致

在生活中，很多孩子的潜意识里都是以自我为中心。我的孩子也不例外。有一次，爷爷奶奶来看孩子，买了很多零食。孩子吃零食时，我开玩笑地说了一句："分给奶奶吃一点。"可他却说："这是我的，我凭什么给奶奶？"或许有的家长认为孩子还小，这么做没有什么。但是，我不这么认为。尽管只是个玩笑，我却从孩子的回答中看出了存在的问题：孩子没有学会谦让，尤其对长辈。

于是，我便想办法对孩子进行教育和引导。我和孩子爸爸为孩子制定了一些规则，使孩子逐渐改掉了对长辈没有谦让之心的毛病。

其实，不仅是我家的孩子，很多孩子都或多或少地存在着不懂谦让的问题。实际上孩子不懂得谦让，并不能说明孩子是坏的。每个孩子都多少会有一种"凡事以我为尊"的意识。这个时期的孩子通常都是比较自私自利的，不会尊重别人。此外，他们的判断力也比较低下，对于事物的认知还比较肤浅，因此父母需要对孩子进行教育和引导。

有的父母会觉得孩子还小，不懂事。殊不知，这种错误观点会害了孩子。这样做会导致以下几种严重后果：

（1）不合群

父母的过度溺爱会导致孩子行事自私，以自我为中心，从而引起小伙伴们的排斥，导致孩子不合群。当孩子不懂得谦让时，父母以“孩子还小”为由，放纵孩子的行为，就是属于过度溺爱的一种。如若不及时纠正孩子不懂谦让的行为，任其发展，孩子很容易被小伙伴们排斥，成为小伙伴中的另类，导致孩子的孤僻。

（2）家长失去威信

长辈对于孩子而言，应该是威严的，值得尊敬以及有义务谦让的对象。当孩子不懂得对长辈谦让，而家长又不对孩子进行教育时，久而久之，孩子会在潜意识中形成一种“这个家中自己最大”的心理，因此导致孩子开始不尊重长辈，家长也失去威信。这样的孩子往往不服从家长的管教，非常叛逆，甚至是走上不归路，犯下无法挽回的错误，对孩子今后的生活十分不利。

（3）啃老

如果父母过度溺爱，会让孩子错误地以为：自己做什么都是正确的，父母为自己做任何事都是应该的。长此以往，父母的溺爱会导致孩子没有责任心。甚至孩子长大后，没有赡养父母的意识，认为父母继续养活自己也是理所应当的。“啃老”说得便是这样的孩子。

谦让不只是一种美德，更不是形式主义。它的意义在于让孩子从小养成谦逊、谦卑、有礼貌的好习惯。当孩子不懂的谦让时，父母要及时教育和引导孩子。以下几种做法可供家长借鉴：

育儿经

（1）不过度宠爱

父母爱孩子，天经地义。但是，父母不要多度宠爱孩子。对于孩子提出的要求，合理的，父母要给予满足；不合理的，父母要坚持自己的原则。父母的过度溺爱会放纵孩子，影响孩子的健康成长。

（2）制定规则

父母要给孩子制定规则，让孩子养成谦让长辈的好习惯。例如，吃水果时，不能自己先挑。吃饭时，长辈动筷子后才能开始吃，不能越过别人夹菜，夹菜时不能翻来翻去、挑挑拣拣。看到长辈时，要礼貌地主动问好。想打喷嚏时，要用手捂住口鼻，把脸转向没人的一侧等。

（3）灌输思想

孩子最喜欢听故事。父母可以通过给孩子讲故事的方式，给孩子灌输思想，让孩子从悟出道理。例如《孔融让梨》《卧冰求鲤》等。家长讲完故事后可以问孩子从中明白了什么道理，并且结合实际告诉孩子应该怎么做。

（4）以身作则

孩子都擅长模仿。家长通常会成为孩子的模仿对象。因此，培养孩子谦让的美德，家长便要以身作则。例如，父母产生争执时，不在孩子面前吵架，也不要向孩子抱怨对方的不好。父母要给孩子树立一个良好的榜样。

5. 希望爸妈只爱自己一个人——占有欲强

我的朋友跟我抱怨生二胎的烦恼。她说，自从生了二胎后，老大就开始变得占有欲很强。她认为，爸爸妈妈是自己一个人的，妹妹“抢”了她的爸爸妈妈。每当她看到爸爸妈妈抱妹妹时，便哭闹不已。

孩子对父母的这种占有欲，多数会随着时间的推移逐渐淡去甚至消失。但是，家长还是可以针对这一现象，对孩子稍加教育和引导的。如果孩子将这一情况持续并且强化下去，就会对孩子的健康成长十分不利。

著名儿童教育学家蒙台梭利曾表示：孩子的占有欲是源自孩子不想让别人得到。因此我们若是只以为的说教，效果不会持续很久。他们很快就又会继续这样做。我们需要的是将知识与爱传递给孩子，挖掘他们内心的美好。因此，作为父母，我们不能对孩子的占有欲行为只以为的说教。而是应该采用一些引导手段，帮助孩子克服占有欲。以下几种教育方法，可以给各位家长参考。

育儿经

（1）弄清孩子产生占有欲的原因

多数家长错误地将占有欲归结为孩子的自私自利，这是因为家长没有

考虑到孩子的年龄段以及心理发育情况。孩子的占有欲，不能简单地归为“自私自利”。让孩子产生强烈占有欲的情况，通常有两种。

第一种是在孩子逐渐形成“以自我为中心”的意识后，便会产生强烈的排他性以及唯一性，凡认为是自己的东西，一律不允许别人触碰，这其中既包括父母，也包括玩具。一岁左右的孩子自我意识还没有形成，此时的占有欲可以说是一种天性。三岁及三岁以上的孩子开始逐渐形成自我意识。在他们的认知中，通常以“自我”为中心，因此对父母或者其他实物会产生一种独占的意识。

第二种是孩子心中缺乏安全感，因此不愿意与别人分享父母的爱。当然，这也说明父母平时对孩子的关心不够，造成了孩子内心的落差感。

（2）注意观察孩子言行

当孩子经常说“我的”“我要”等字眼时，说明孩子的内心已经开始形成自我意识和自我肯定。这时家长要做的就是多给予孩子正确的教育。这个阶段的孩子最容易养成良好的习惯或者不良的习惯。父母应该多挖掘良性因素，并且帮助孩子建立正确的意识及习惯。当孩子出现不良行为及习惯时要及时纠正，不要让孩子太过于“自我”。

（3）让孩子学会分享

帮助孩子克服占有欲，首先要让孩子学会分享。当孩子看到别的小伙伴手上有好玩的玩具，并且很想得到时，父母可以教孩子友好地上前询问，是否可以与小伙伴交换彼此的玩具。在互换玩具与游戏中，让孩子明白分享的意义。父母要给孩子灌输一种“与小伙伴分享玩具并不会造成玩具损坏”的思想。

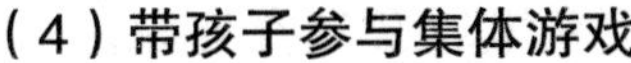

（4）带孩子参与集体游戏

父母要让孩子在与小伙伴的游戏中明白团结合作的作用，并且与小伙伴建立友谊。一段深厚的友谊是帮助孩子克服占有欲的重要因素之一。

6. 拿别人东西占为己有——没有清晰的物权意识

很多家长都知道，“我的”可能是孩子说得最多的一句话。其实，“我的”有时并不一定真的就是“我的”。

有一次，我的孩子与邻居的孩子一同玩耍。突然，邻居的孩子哭着来对我说，我的孩子抢他的玩具。我上前制止后，询问我的孩子，为什么拿别的小朋友的玩具。我的孩子只回答了两个字：“我的。”

孩子把别人的东西当作自己的，相信很多家长都遇到过这类情况。那么这样的孩子就是坏孩子吗？答案当然是否定的。孩子喜欢将别人的东西占为己有，并不代表他就是坏孩子。这样的行为在三到五岁的孩子中，十分普遍。这个年龄段的孩子心智还没有成熟，没有清晰的物权意识，通常会将身边的东西认为是自己的。一般情况下，孩子并不是因为玩具吸引人而将玩具占为己有，而是他们分不清哪些才是真正属于自己的东西。他们对于物权并没有清晰的概念。很多孩子将玩具占为己有，主要源于以下几种心理：

（1）我喜欢就是我的

很多人认为，当孩子在将别人的东西据为己有，而说东西是“我的”时，是在说谎。实际上，在孩子的意识中，这个物品的确属于他的。这是因为在孩子逐渐形成自我意识的过程中，他们眼里通常只有自己，因此不知道还有“你”“他”这种除自己以外的存在。在他的意识当中，自己就是世界的中心，自己就是规则。因此，对于玩具，只要是自己喜欢，就是属于自己的。

（2）加工后就是我的

有时候孩子在与其他孩子玩耍的过程中，由于没有清晰的物权意识，他常会认为经过自己加工的物品，就是属于自己的。比如自己涂鸦过的画本、自己搭好的积木、自己动手拼好的拼图等。在孩子眼中，这种东西是自己努力的成果，因此它是属于自己的。

（3）我先玩就是我的

这一种思想主要体现在公园中或者设有娱乐设施的小区里。比如，当孩子最先去玩滑梯时，他会认为是自己先来的，因此这个滑梯就是属于自己的，从而不允许其他人一起玩，孩子会认为这个滑梯就是自己的所有物。

（4）我送出去的也是我的

有的时候，孩子会将自己的小玩具或者别的小物件送给小伙伴，但是很快又将送出去的东西抢回来。实际上孩子不是不守信，而是在他的意识中，还不明白“送”的真正含义，也不明白“你的”“他的”等含义。在他看来，给到别人手上的东西，也是属于“我的”。因此“我”随时都可以拿回来。

实际上，五岁以下的孩子对于物权的认知是十分欠缺。家长要对孩子进行正确引导，帮助孩子建立物权意识。这对孩子今后的身心发展有十分重要的作用。如果孩子不能树立物权意识，会导致孩子形成自私自利的心理，不利于孩子的健康成长。家长想引导孩子，帮助孩子建立物权意识，不妨参考以下几种方法。

（1）将物品分类，告诉孩子哪些是家长的，没有允许不能触碰

当然，在与孩子相处时，也要强调哪些是属于孩子的物品。父母在与孩子对话时，应尽量强调物品的归属。例如“你的积木”“你的彩笔”“你的故事书”等。同时家长也要做到不随意私自触碰孩子的物品。

（2）让孩子学会换位思考，体验对方的感受

例如，孩子争抢小伙伴的玩具汽车时，我们及时制止。然后，我们将孩子手上的玩具抢走，并询问其感受。此时，家长要告诉孩子，小伙伴被抢玩具时，就是你这样的感觉。父母要教会孩子将心比心。

7. 喜欢和大人对着干——逆反情绪在作怪

朋友最近跟我抱怨，上幼儿园大班的孩子不听话，让他往东，他偏要往西。有一次朋友对正在看电视的孩子说：“不要整天看电视，要多看点书。”没想到孩子的回答是：“就不看，我就不看。”这种情况在生活中经常发生。对此，我的朋友既伤心，又头痛。

实际上，孩子 (7–8 岁) 从幼儿园步入小学时，开始有了自主意识，对身边事物以及外界环境都产生了一种控制欲望。但是，现实与理想之间的

距离，让孩子产生了心理落差。此时，孩子十分渴望证明自己的力量，于是开始反抗父母。这就是我们常说的逆反情绪。存在逆反情绪的孩子通常都会具有以下三种特点：

（1）道理都知道，不想听唠叨

这个年龄段的孩子，已经懂得了很多道理。在他们看来，父母好心的说教成了反复唠叨，已经听烂了。因此他们对于父母的说教十分厌烦。无休止的唠叨使他们十分容易失去耐心乃至动怒。

（2）无法管理自己的情绪

处于逆反期的孩子不容易控制自己的情绪，动不动就大发雷霆。很多时候，父母由于孩子的逆反情绪，不但没有冷静处理，反而采用以暴制暴的态度。这样虽然可以压住孩子一时，但也会加重孩子的逆反心理。

（3）觉得自己长大了

这个年龄段的孩子已经形成了自主意识。他们觉得自己长大了，可以独立面对很多的事情了，因此对自己的能力十分自信。这时父母好心的劝告在他们眼中往往是不被信任，是爱唠叨，甚至觉得父母在与自己作对，因此争吵也就难以避免。

要想解决孩子逆反心理的问题，我们就要了解这个年龄段孩子的特点，避其锋芒，冷静对待。当孩子不耐烦时，父母应该停止无用的说教，更不应该被孩子的情绪带着走，以暴制暴的手段也并不可取。以下几种疏导孩子逆反心理的方法，大家不妨试一试。

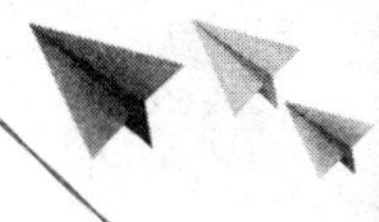

（1）营建有利于孩子身心发展的良好的家庭氛围

一个良好的家庭氛围不仅可以让家人和睦，还可以让孩子敞开心扉与家人交流。父母与孩子应该多进行沟通。在沟通时，父母的角色是倾听者、分享者，而不是教育者。当孩子说到一些问题时，父母要像与朋友交谈一样，与孩子说一说自己面对这类问题时是怎么做的。家长与孩子沟通时，应该多一些鼓励与表扬，少一些责骂。父母要给予孩子尊重和信任，不要伤害孩子的自尊，逐渐帮助孩子走出与父母对立的情绪。

（2）不要用命令的口气与逆反期的孩子交流

父母与孩子沟通，不要板着脸，以长者自居，用命令的口气和孩子说话。父母要换位思考，应该多站在孩子的角度，用这个年龄段的目光、见识以及心理来思考问题。父母要让孩子明白自己是被理解、被尊重的，让孩子明白无论什么时候父母都是他最坚实的后盾。只有这样父母才能走进孩子的内心，得到孩子的信任。当孩子敞开心扉时，我们要认真倾听孩子的心声，多考虑孩子的需求，与孩子建立良好的关系，并帮助其解决问题。

（3）理性对待逆反期的孩子

父母尽量避免对孩子的直面批评，以免产生正面矛盾。当孩子有错时，父母应该爱护孩子的自尊心，尽量心平气和地告诉孩子应该怎么做，帮助孩子分辨是非。

（4）鼓励孩子多进行换位思考

当父母与孩子发生摩擦时，若双方经过激烈争吵后问题没有解决，很容易让孩子与父母产生隔阂，甚至对父母产生抵触心理，激化矛盾。因此，当双方发生摩擦时，父母可以鼓励孩子进行换位思考。让孩子假设自己是妈妈，怎么解决这个问题。通过角色扮演，可以让孩子明白父母的用心，从而改善亲子关系。

8. 总觉得自己的东西比小伙伴好——有自负倾向

有一段时期我的孩子总是不屑于与小伙伴分享玩具。我问他原因，没想到他却说，他觉得小伙伴们的玩具都太土了，没有自己的好，他不想让别人玩自己的玩具。不仅如此，由于我经常教孩子学拼音，因此孩子的拼音比同学好，可他却因此看不起别的小朋友。

我很快意识到孩子有了自负的倾向。于是我很快与孩子爸爸沟通，适当地引导孩子，帮助其走出自负心理。

事实上，孩子对于问题的认识是十分片面化、偏激以及肤浅的，因此自身的优越感很容易使他们既看不到别人的优点，也看不到别人的缺点。他们的认知只停留在自身的优越点上，并将其无限放大，使自我感觉处处高人一等，因此产生了自负倾向。

一旦发现孩子有自负倾向，家长需要及时地对孩子进行引导，否则自负倾向将会对孩子造成以下危害：

（1）拥有自负倾向的孩子如果没有得到及时的引导，情况将愈演愈烈。

孩子会沉浸在自身的优越感中，不思进取，从而失去奋斗动力和学习能力，变得停滞不前，甚至后退，很快将会被同龄人甩在身后。

（2）自负的孩子往往自命不凡，很容易瞧不起其他小伙伴。

他认为别人的东西或者别人的成绩没有自己好，因此不屑于与别人交谈，从而无法融入集体，逐渐变得不合群，失去社交能力。

（3）自负的孩子往往对自己没有正确的认知，只看得到自己好的一面，无视了自己的缺点。

身上的缺点没有得到及时的改正，而优点却又使得孩子停滞不前。长久以往，孩子很有可能会无法融入这个社会，与社会脱节。

（4）自负的孩子通常是因为其自身的优越感。若不加以劝阻，孩子十分容易在某方面上形成攀比心理，变得贪慕虚荣。

不仅如此，随着自负倾向的逐渐加剧，孩子还会变得爱嘲笑、爱讽刺、爱炫耀。自负的孩子想要的东西也都不会靠自己努力来争取。这对孩子未来的发展只有坏处，没有好处。

因此，当家长发现孩子变得自负时，要及时对孩子进行引导，帮助孩子克服优越感带来的自负倾向。以下几种方法，可供大家参考。

（1）让孩子全面地认识自我

家长除了夸赞孩子的闪光点，也要指出孩子的不足。要让孩子明白，人既有好的一面，也有不足的一面。或者让孩子每周从自己身上找出一个

优点和一个缺点，帮助孩子更全面地认识自我。

（2）理性地对待孩子的进步

当孩子取得成就的时候，父母给予奖励固然是可取的，但是一定要适可而止，把握好度。若是孩子取得一点成就父母就过度地夸赞，孩子很容易骄傲，从而变得自负。父母要让孩子学会正确对待成就和荣誉，既要看到自己的优点，也要发现自己的不足，知道自己还有许多地方做得不够。

（3）不能在外人面夸赞孩子

家长总是在外人面前夸赞孩子，容易使孩子无法正确看到自己，从而产生过分的优越感，觉得自己十分优秀。当孩子产生了优越感时，就很容易忽略自己的缺点，这不利于孩子的身心健康发展。

（4）让孩子学会感恩

当孩子考出好成绩时，家长不能只夸赞孩子，要让孩子意识到，孩子的好成绩并不只是他一个人的功劳。成绩背后，还有老师以及家长的付出和汗水。父母要教孩子学会感恩，让孩子明白自己的成功离不开别人的帮助。

（5）适当地挫一下孩子的锐气

当孩子自我感觉过于优越时，不妨让孩子撞一撞“墙”，挫一挫锐气。总是一帆风顺容易使人懒惰骄傲，而逆境则会不断地激励人们向前。父母可以安排一件难度较大的事情让孩子去完成。当孩子发现自己难以完成时，就会明白自己并不是什么事都可以做好的。这时父母可以鼓励孩子虚心地向别人寻求帮助，从而促进孩子不断努力上进。

（6）要让孩子明白，凡事都有两面性

父母不能只是一味地对孩子的优点进行奖励。平时父母要做到奖惩分明。当孩子做好一件事时父母可以给予一定的奖励，但是不能过于夸张。当孩子犯错误时，父母可以给予孩子一定的惩罚，惩罚可以不严重，但是一定要让孩子明白自己做错事了。长此以往，孩子便不会只看到自己的优点，从而产生自负倾向。

七、对外界的应激行为，这是一种自我保护

细心的家长可能发现，有时候孩子对于外界事物的影响会表现出比较强烈的反应。但是，由于孩子还不能够很好地表达情绪，所以很多时候家长并不知道孩子为什么会有应激行为。作为家长要时刻注意观察孩子情绪、行为等方面的细微变化，了解孩子为什么会产生应激反应。只有走进孩子的内心，了解孩子想要表达的东西，才能正确教育和引导孩子。

1. 容易受惊吓——听力神经没有发育健全

家长们都遇到过这种情况，工作了一天回到家晚上想好好地睡一觉，好不容易把孩子哄睡了，终于能休息了，然而半夜睡得正香时，又被孩子突然的啼哭声吵醒。但是，当家长起来看护孩子时，孩子不是饿醒的，尿不湿也不需要换，孩子只是莫名地惊醒。

孩子为什么会出现这样的情况呢？医学研究表明，孩子在妈妈肚子里时就已经有听觉了。婴幼儿时期是听觉发育的关键时期。孩子出生后听力比较弱，高达50–60分贝的声音刺激才会有反应，3个月内的孩子可以对于突然发出的大声刺激做出反应。3、4个月时，孩子能听得清稍响的声音，还会用眼睛去寻找声音传来的方向。7、8个月以后的孩子会对喜欢的声音表现出喜悦，并能区别语言的意义。有些孩子还会模仿听到的声音。9、10个月以后的孩子大多可以随着音乐节拍摆动身体，甚至手舞足蹈。1岁左右的孩子能模仿大人说话，比如会学家长说“吃饭饭”。2岁左右的孩子，可以说出由2、3个字组成的有意义的词条，比如“早上好”“背书包”等。3、4岁的孩子已经会背诗词和讲篇幅较短的童话故事。孩子到了4岁时，听觉已经发育完善。

孩子的年龄还小，听力神经没有发育健全，对于很多声音都不能够理解，甚至连人的脚步声都不知道。很多我们能够分辨的声音，对于孩子来说都是未知的。所以孩子会害怕，缺乏安全感，容易受到惊吓。

孩子听力神经的健康发育，除了自身的成长，还需要家长平时在生活中的细心呵护。

育儿经

（1）孩子的身体健康对于听力神经发育的影响

孩子在婴儿时期，神经系统和听觉器官还没有发育成熟，任何外界的不良因素都可能导致发育受到干扰，甚至是破坏，所以需要家长们细心的对待。

首先需要预防如麻疹、中耳炎、流行性脑膜炎等疾病，这会对婴儿的听力造成不同程度的损伤；其次就是慎重用药。不少药物都具有耳毒性，特别是抗生素。当孩子生病时，要及时就医，遵医嘱吃药。不要擅自买药让孩子吃。

（2）让噪音远离孩子的生活

音乐可以增加孩子听力的敏感度，但是给孩子听音乐时，一定不要戴耳机，外放时要注意音量和时间；家长看电视时，要注意调低音量；让孩子远离不明声源，如下水管道的声音；父母在平常就要有意识地带孩子避开噪声污染，特别是娱乐性噪声的污染，因此像 KTV、酒吧、电影院等娱乐场所就不要带学龄前的孩子去，也不要让孩子直接使用耳机。此外，家长给孩子挑选玩具时，尽量别选择噪音玩具来伤害孩子稚嫩的听觉器官。给孩子听音乐时尽量创造一个安静的环境。

（3）引导孩子识别声音

家长可以准备好各种能发出声音的玩具，如摇铃、拨浪鼓等。家长可以在和孩子玩耍时，用发声玩具发出声音，并和孩子沟通。即使孩子听不懂，平时多和孩子对话，带孩子出去玩，让孩子多了解不同的声音，同时和孩子说话，告诉孩子声音源是什么。

家长要鼓励孩子发音。当孩子能主动发音时，家长要及时地给予应答和表扬。

（4）不要随意给孩子掏耳朵

家长不要随意掏孩子的耳朵。耳屎有一定的生理作用，可以缓冲噪音，阻止尘埃入侵，还可以防止水分入侵。但不少父母将其误认作废物，常常掏挖小孩子的耳朵。殊不知婴儿的耳道发育不成熟，多呈扁平缝隙状，皮肤娇嫩。稍有不慎，轻者掏伤皮肤，导致感染，甚至疖肿；重者掏破鼓膜，造成听力损失。当然，耳屎多了也不好，但随着咀嚼、张口或打哈欠，一般可借助下颌等关节的运动而自行脱落。实在因“油耳”或耳屎过大，阻塞耳道，影响听力时，应请医生处理。

（5）提高孩子听力的方法

父母在抱孩子的时候，最好将孩子的头朝向自己的左胸前。孩子在妈妈肚子里的时候就开始听妈妈的心跳声，已经习惯了这种声音。

父母可以多和孩子说话，或者轻声哼唱，也可以放些节奏舒缓的音乐。切记要注意时长和音量。

给孩子吃些对听力有好处的食物：

①富含胡萝卜素和维生素 A 的食物。胡萝卜素和维生素能为内耳的感觉细胞和中耳上皮细胞提供营养，增强细胞活力。比如：胡萝卜、南瓜、

番茄、鸡蛋等。

②富含镁元素的食物。耳动脉中如果镁元素缺乏会影响耳动脉功能，导致听力损害。比如：红枣、核桃、香蕉、菠菜等。

③富含锌元素的食物。锌可以促进脂肪代谢，从而保护耳动脉血管。比如：鱼、瘦肉、花生、芝麻等。

④富含维生素D和钙的食物。维生素D和钙既可以保持鼓室内的小骨骼，增强耳鼓，避免骨质疏松一般的耳硬化症，又可以净化耳动脉，提高耳功能。比如：骨头汤、脱脂奶、钙片等。

2. 容易紧张——对某件事缺乏安全感，没有信心

六一儿童节幼儿园举办活动，我和孩子爸爸都去了幼儿园。节目的表演顺序是从小班到学前班，我家孩子在读中班，小班的孩子们表演时，他们在一旁等候。此时我家孩子出奇的安静，这让我比较惊讶。我家孩子平时比较活泼调皮，以往幼儿园举办活动时，孩子总是特别的兴奋，不是和其他小朋友一起玩，就是到处跑来跑去。

很快就轮到孩子的中班上台表演。表演完后我家孩子仿佛瞬间恢复了活力，跑过来找我。那时我才反应过来，原来他是因为要表演节目而感到了紧张。所有班级表演结束后，到了亲子互动的游戏环节，我们和孩子一起过了一个快乐热闹的六一。

回家的路上，我问孩子："今天过得开心吗？"他立刻点头回答道："开心。"还说："要是能天天过六一就好了。"我接着问："上台表演的时候，是不是紧张了?”可惜孩子并不理解紧张的意思。为了鼓励孩子，我和孩子爸爸都夸他表现得特别好，我们特别喜欢，以后也能经常这样跳舞或者唱歌给爸爸妈妈看就好了。从此，孩子在幼儿园里学到新歌都会回来唱给我们听，还会问我们唱得好不好听。

我发现，很多时候孩子害怕某件事，容易紧张，是因为对自己没有信心，缺乏安全感。而对于此最好的方法就是给孩子树立信心。

心理学家埃里克森认为，人发展的每一个阶段都存在着一种本质性的危机。如果这种危机解决得好，将顺利地进入下一个阶段。也就是说父母如果解决不好孩子容易紧张的问题，将会影响孩子身心的健康发展，严重的会诱发各种心理疾病。

埃里克森人格发展理论将人一生的发展分为八个阶段，每个阶段都存在着一对基本的心理矛盾。其中前四个阶段：婴儿期、儿童期、学龄初期和学龄期分别是基本信任和不信任的心理冲突、自主与害羞的冲突、主动对内疚的冲突和勤奋对自卑的冲突。

儿童四个阶段的心理社会危机都与自信心的建立有关，儿童在整个发展阶段中所遇到的主要问题，其本质就是自信心与自尊的建立。若是孩子在发展中获得了自信与自尊，那么他也会获得基本的信任感、自主性、主动性和勤奋的美德。由此可见，自信与自尊对于孩子的身心和谐发展有着至关重要的意义。

所以家长应该在重视和孩子的亲子关系、尊重孩子的同时，为孩子提供独立做事的机会、鼓励孩子与他人交往，让孩子在体验成功中培养自信、独立的心理品质。

育儿经

（1）巧妙利用“罗森塔尔效应”帮孩子树立信心

“罗森塔尔效应”是一种社会心理效应，指的是教师对学生的殷切希望能戏剧性地收到预期效果的现象，由美国心理学家罗森塔尔和雅各布森于1968年通过实验发现。

心理暗示有着强大的力量，积极的暗示能够给孩子强有力的激励和鼓舞，从而满怀信心与力量。这也就是为什么针对儿童，我们总是提倡鼓励教育，不建议用打击的方法教育孩子。毕竟各方面发展都不成熟的孩子，对于自我的认知都是来自外界，这个时候用一些强制受挫的方法，只会让孩子对自己产生否定的想法。

家长应该鼓励孩子，让孩子树立信心，不要敷衍孩子，不要打击孩子的信心和积极性。

（2）家长也要学会拒绝攀比

不少家长在教育孩子的时候都会和孩子说：“不要和别人比，攀比是不对的，不好的。”但是有时候家长并没有注意到自己也在攀比。

每个孩子都有自己的个性。孩子的天性是活泼可爱的，或许有时候让你有些头痛，但切记不要去和别的孩子比较，比如：“你看隔壁小朋友从来都不捣蛋，都是乖乖地听大人的话。再看看你，爸爸妈妈说什么都不听。”“你同桌的成绩每次都比你好，上课也认真听。你就不能和别人学习学习吗？”“你表姐周末都去上兴趣班，你也去。”

拿自家孩子的缺点和别人的优点比较是不对的，也是不公平的。孩子唯一的比较对象就是孩子自己，当孩子进步了就应当给予鼓励，从而给孩子信心让孩子进步。

（3）给孩子安全感，让孩子健康成长

不少家长总会用“你不听话，我就不要你了”之类的话来管束孩子。这样说会在孩子的心里造成恐惧，认为家长真的会不要他，从而缺乏安全感，产生害怕紧张的情绪。

培养孩子的安全感，需要一个和谐的家庭环境。家长不要把自己的压力转嫁到孩子身上，不管在生活上还是学习上，父母不要给孩子太多的压力，让孩子自然成长。家长和孩子相处时以鼓励为主，说教次之，最重要的是不能打骂孩子。家庭环境和父母对孩子的态度，都是对孩子最直接的影响。

3. 敏感多疑——孩子成长期的“蛋壳心理”

我侄女是独生女，从小就被家里宠着。现在孩子慢慢长大了，哥哥嫂子发现孩子有些敏感多疑。

侄女有些任性。上小学一年级的第二个星期侄女就说不想去学校。这怎么能行呢？哥哥嫂子忙问为什么不想去学校。侄女说老师不喜欢她，所以不想去。哥哥嫂子立刻给老师打电话了解情况。原来侄女在学校和其他小朋友吵架，老师对两个孩子都进行了批评教育。

事后，那个小朋友没有事，依旧去学校，依旧和其他小朋友一起玩。对此，哥哥嫂子十分纳闷，怎么自己家孩子就不愿意去学校呢？

孩子对“批评”的反应也是因人而异。有些孩子能正确认识批评，而有些孩子则会因为批评而变得脆弱。这种心理，被人称之为“蛋壳心理”。

“蛋壳心理”是指心理脆弱、不健全的一种心态。

蛋壳心理，其实是习惯赞美的一种扭曲心理，由于家长对孩子的过度赞美，导致孩子无法接受别人的批评。

最容易形成“蛋壳心理”的年龄段一般在两到五岁。此时，孩子刚学会跟人交流，如果家长过多地赞扬孩子，孩子就会误以为别人赞扬自己是正常的，而批评自己则是不正常的，也不是应该的。

孩子形成了习惯于被赞扬的心理。随着孩子的长大，孩子接触的社会环境开始变得更为复杂，自然也会遇到批评。这对于形成“蛋壳心理”的孩子来说，是很难适应的。因为具有“蛋壳心理”的孩子往往难以正确地认识自己。

此时家长应该帮孩子的心灵寻找一个出口，不要让“蛋壳心理”成为孩子成长路上的隐患。以下几种教育方法，可供家长借鉴：

育儿经

（1）教育孩子正确面对挫折

家长要适当地让孩子遭遇一些挫折，这样做有助于增强孩子学习上的心理承受能力，坚定孩子克服困难的意志。当孩子遇到困难挫折时，父母不要急于安慰和帮助孩子，首先让孩子自己想办法解决问题，而不是一味地等待别人的帮助。因为依靠别人的帮助，会使得他丧失独自面对困境的勇气，心理承受能力变得脆弱。但是，当孩子解决不了问题时，父母不要放任不理，要及时给予帮助，正确地引导孩子。

家长对于孩子的错误，要适当地给予批评，这能让孩子学会分辨是非，明白做错了事情就要承担责任，从而保证孩子能听从别人的劝告和批评。

（2）锻炼孩子的耐心和毅力

孩子年龄尚小，遇到挫折和不顺心的事情，会控制不住情绪。此时，父母可以在游戏中有针对性地对孩子进行教育，帮助孩子提高韧性和抗挫能力。比如，孩子搭的积木倒塌了，父母可以引导孩子分析坍塌的原因，总结失败的经验，然后改进搭建积木的办法。通过这种练习，孩子不仅可以抗挫能力，还能培养思考和总结能力。孩子们一起玩，难免会遇到问题，或者发生矛盾。此时，父母要尽量做到不插手，让孩子自己去解决问题、协调关系，学会与同伴友好相处，培养孩子解决问题和社会交往能力。这也是帮助孩子走出"蛋壳心理"的良好途径。

（3）不要溺爱孩子，学会对孩子说不

孩子的“蛋壳心理”，有时是来自父母的溺爱。有些父母娇惯孩子，帮孩子安排好一切。这样当孩子独立面对生活，遇到打击和挫折时，就会缺乏足够的心理承受力和应付能力。

父母对孩子的百依百顺和包办一切，让孩子不知道被拒绝和失败为何物。所以当孩子遇到拒绝与失败时，不知道如何应对。父母要学会对孩子说“不”，让孩子知道并不是所有的要求都能得到满足，使他们学会接受拒绝，增强独立的能力。当然，父母也不能对孩子不闻不问，让孩子在心理

发展的转折点独自面对生命中的打击和伤痛。

挫折是对孩子的一种锻炼。父母应培养孩子自己战胜挫折的勇气，从而逐渐增强孩子的心理素质。但家长要注意把握好孩子接受挫折的度，适当的挫折可以帮助孩子健康成长，但过度的挫折可能会让孩子一蹶不振，失去自信。

4. 容易着急——自控能力弱，导致情绪波动大

我家的孩子喜欢玩玩具，特别是积木。每次孩子玩玩具后，家里总会弄得一片狼藉，东一个玩具小汽车，西一个小积木。我好不容易收拾好房间，没多久房间内又变得乱七八糟。我在帮孩子收拾几次后，决定让孩子自己收拾，让他体会一下家长收拾房间的辛苦，顺便培养孩子整理东西的习惯。

这一天孩子玩完玩具后，我和他说："宝贝，妈妈收拾完家里已经很累了。你能收拾好自己的玩具吗？宝贝长大了，以后可以自己收拾好玩具了，对不对？"孩子点头答应了，然后跑去收拾自己的玩具。我坐在一旁，看着他收拾。

一开始我还是挺开心的。我没想到孩子那么听话，收拾起玩具来也有模有样的。然而，孩子收拾到一半就开始闹情绪了。我走过去问他："孩子，怎么了？"他眼看就要哭出来，气呼呼地说："收拾不好！"我和他说："不要着急，慢慢收拾。"我陪在孩子身边，看着他收拾玩具。没多久孩子的情绪就稳定了下来，继续收拾玩具。

其实孩子容易着急，有很大的一部分原因是孩子年龄太小，自控能力不足，不像大人那样可以控制自己的不满，导致孩子的情绪波动较大。孩子没法很好地调节自己的情绪。当孩子的要求没有得到满足时，就会用闹情绪来表达自己的想法。自控能力不足，没有足够的耐心，这让好奇心旺盛、精力充沛的孩子不能够长时间地做同一件事情。所以当孩子长时间做一件事情时常会表现出不耐烦、闹情绪的样子。

还有一部分原因是孩子睡眠不足、过度疲劳也会影响孩子的情绪。大人睡眠不足时也会比较烦躁，状态不佳，何况是孩子。此外，孩子生病时身体的不适也会让孩子的情绪受到影响。孩子的表达能力不佳，不能够很好地用语言表达自己身体的不适，只能靠情绪来宣泄。

另外，孩子爱发脾气，家长也需要反省一下自己，是不是过于约束孩子，或者平时自己也容易着急，言行举止比较急躁。父母和孩子朝夕相处，父母的性格，脾气，言行举止对孩子都有一定的影响。

当孩子做事容易着急时，家长一定要慎重对待。以下几种方法可供家长借鉴：

（1）家长需要引导孩子发泄情绪

孩子闹脾气时，家长不要急于指责孩子，要试着理解孩子，让自己冷静下来，以便想出解决问题的方法。家长要懂得引导孩子，尤其是当孩子不高兴时，可以适当地顺着孩子。

首先，要知道孩子闹脾气的原因。孩子有情绪，是有原因的。家长需要理性地分析与对待，找出孩子情绪爆发的原因，再去解决。其次，要让孩子适当地宣泄情绪。如果孩子因为着急而哭闹，可以等孩子哭完平静下来再和孩子沟通。当孩子闹情绪时，和孩子讲大道理只会起到反作用。等孩子宣泄完，情绪平复下来后，再和孩子沟通，让孩子说出自己的想法，想要什么，不想要什么。父母要告诉孩子，如果他只是哭，爸爸妈妈无法明白他的想法和要求。

（2）关心孩子的身体健康

充足的睡眠是孩子健康成长的保障。以前孩子的娱乐是亲近大自然，白天玩累了，晚上自己乖乖睡觉。现在孩子小小年纪就开始玩手机、电脑。自控能力的不足很容易让孩子玩手机上瘾，晚上到点了不愿意睡觉，不但影响睡眠，还会对孩子的视力造成伤害。家长要让孩子保证充足的睡眠，除了让孩子养成早睡早起的好习惯以外，午休也是不可少的。

父母平时要注意观察孩子，是否有身体的不适，要注意孩子的身体健康。孩子小，不能准确地判断自己是不是生病了，有时候自己哪儿不舒服都不能准确地表达出来。不是只有发烧才算生病，孩子的抵抗力弱，普通感冒、肚子痛都会影响孩子的健康，从而导致情绪低落，容易着急。

（3）培养孩子的控制能力

家长要帮助孩子认识和管理时间。孩子经常有一种主观拖延现象，总是推迟应该完成的事情，显得拖拉磨蹭。要培养孩子的自律性，首先要引导孩子养成有效的管理时间的好习惯。父母可以给孩子制定一个时间表，先教孩子遵循时间计划去做事。比如当孩子做一件自己不太愿意做的事情时，让孩子自己给出一个完成时间，让他在这个规定时间内完成，剩下的时间可以自由支配。以此来激发孩子的积极性和主动性，培养良好的时间管理能力。

家长可以通过培养孩子兴趣来培养孩子的自控能力。家长从孩子感兴趣的事情中选出一项让孩子坚持下去。因为孩子的经验不足，感兴趣的东西有限，所以家长要尽量让孩子多接触新事物，从中培养孩子的兴趣。兴趣是最好的老师，只有让孩子产生兴趣才有可能坚持下去。

当孩子在专注地做一件事情的时候，不要打断孩子，并且及时地给予孩子鼓励，告诉孩子他做得很棒。

5. 容易焦虑——这是一种常见的情绪障碍

朋友的孩子上小学了。虽然每个孩子考试时都会紧张，但她觉得她家孩子紧张的程度有些过了。每次考试前孩子都会睡不安稳，食欲也会下降。这让她非常担心。但考完试后孩子的状态又会恢复正常。

这种情况其实就是孩子焦虑的表现。不少家长会忽略孩子的焦虑情绪，认为没什么大不了的。然而事实上恰恰相反，家长应该多注意孩子的情绪，以免日积月累，本来只是不良情绪最后演变成了心理疾病。

焦虑是人类一种正常的情感反应。但是过度焦虑就会形成情感性或者生理性疾病。10%–20% 的学龄儿童都会经历某种压力或焦虑，哪怕是熟悉的环境，隔了一段时间也有可能变得陌生。焦虑可以分为躯体性焦虑和精神性焦虑：躯体性焦虑多表现为身上不舒服，有头疼、出汗、心慌、频繁上厕所等情况；精神性焦虑则表现为不明原因的烦躁不安，坐也不是，站也不是。

不同年龄，其焦虑表现也不相同。婴幼儿多以哭闹烦躁为主的。学龄前儿童多表现为惊恐不安，不愿意和父母分开，而且伴有食欲差、呕吐、睡眠差、做噩梦、尿床等现象。学龄儿童主要表现为上课时注意力不容易集中，而且学习成绩下降，比较不愿意和同学、老师交往。有的孩子因为烦躁、焦虑，往往与同学关系较差，拒绝上学，甚至离家出走。

焦虑症会在一定程度上影响孩子的身心健康，家长一定要重视，对孩子进行正确的心理疏导，帮助孩子走出焦虑。以下几种方法可供大家借鉴：

（1）恰当地指导孩子

当孩子对某件事表现出过度焦虑时，爸爸妈妈要引导孩子讲出自己所担忧的事情，对孩子的痛苦表示同情，并尽量消除孩子的顾虑，帮助孩子控制不安和失败的心情。

由于焦虑往往是和紧张的气氛相联系的，所以父母多抽出时间陪伴孩子，多让孩子参加一些集体活动和户外活动，这都有益于孩子保持乐观的情绪，消除孩子的焦虑心理。

（2）不要给孩子太大的压力

家长对孩子的期望与要求要合理。现在的孩子尤其是独生子女，担负着好几代人的希望。父母难免会对孩子提出许多要求，比如成绩一定要达到第几名，不管孩子是否愿意都要去上兴趣班等。父母要尊重孩子，不能苛求孩子。当孩子未达到要求时，父母千万不要嘲讽挖苦，开口责骂或者板着脸不搭理孩子。这样会使孩子感到压抑，或是出于逆反心理与父母对抗，从而加重孩子的焦虑。爸爸妈妈应给孩子一定的自主权利，应与孩子平等沟通。如果孩子脾气倔强，要耐心教育，不要用命令、训斥的口气，甚至采用粗暴和强制的方法。在教育孩子时，任何与孩子心理和生理不适应的行为和方式都是错误的，都是有害的。

（3）敦促孩子加强体育锻炼

饭后或者周末父母可以带孩子做适量的运动，游泳、打羽毛球、打篮球、跳绳均可。运动可以促进大脑内啡肽的分泌，增加愉悦感。另外，运动还可以促进血液循环，增加大脑的血氧含量，消除大脑疲劳。适度运动可以消除紧张和疲劳，提高孩子对紧张情境的心理承受能力，增强意志力。同时，父母和孩子一起运动可以增进和孩子之间的感情，消除与孩子之间的距离感。

（4）调整孩子的食物结构

孩子每天的膳食应该注意搭配足够的蛋白质、水和热量，特别是新鲜蔬菜和水果。研究证明：缺乏维生素可以造成疲劳，并且难以缓解，维生素 Bl、B6、B12 和维生素 E、C 对活化脑细胞、增加脑细胞的能量供应和恢复脑功能起到重要的作用，对消除压力造成的脑疲劳和失眠都有助益。充足的睡眠会使孩子精神饱满，拥有一个好心情，而且好的心情可以减少孩子的焦虑感。

6. 容易哭闹——希望获得心理满足

不少新手父母对于孩子的哭闹总是很头痛，我和我老公也不例外。孩子小的时候只要一哭，我们就会抱起来哄，久而久之形成了习惯。孩子渐渐长大后似乎摸出了门道，“只要一哭，爸爸妈妈就会答应他的要求”。孩子吃饭挑食，让他吃青菜，他不肯，就开始哭。孩子早上不愿意起床去幼儿园，也用哭闹解决问题。

那天吃完晚饭，我和老公带孩子去小公园散步。晚上七点多的公园特别热闹，有不少家长带着孩子出来玩。公园有不少卖玩具的小摊。孩子看到玩具后眼睛都亮了，闹着要买一个小恐龙。家里已经有不少这种玩具了，于是我和老公就没同意，下一秒他就哭了出来。摊贩老板趁机劝说让我们给孩子买玩具。他不说还好，他一开口孩子就开始变本加厉地闹，就差在地上打滚了。老公生气了，把孩子抱起来，然后直接回家。

回到家之后孩子还在哭。老公问他哭什么。孩子说想要玩具。接着老公就把孩子的玩具全部拿出来放在他的面前，说：“你不是没有玩具，已经有这么多玩具了。你要是一定要买那个玩具，那这些你就不能再玩了。你自己选吧。”

老公说完之后孩子没有再说话。他看着那一堆小玩具一动不动。过了一会儿他跑去抱着老公说道：“爸爸，我不要那个小恐龙了。我还能玩我的玩具吗?”老公点头，告诉他可以。然后他就跑去玩自己的玩具了。

当孩子还小的时候，语言表达能力尚不完善。当需求得不到满足时，孩子就哭，这是很自然的事情。0–3 岁，孩子的一切都需要父母给予，孩子对父母很是依赖。否则，孩子会缺乏安全感。3–4 岁时，孩子已经懂事了，知道用哭闹来达到自己的目的。

家长不要因为孩子的哭闹，就满足孩子的所有要求，这样会让孩子养成不好的习惯。当孩子发现只要哭闹就能达到自己的目的时，家长一旦拒绝他就会变本加厉。另外，家长对于孩子的愿望全部满足，久而久之，这种娇惯孩子的行为，会让孩子变得任性自我。家长可以宠爱孩子，但不可以溺爱孩子。面对孩子的哭闹，以下几种教育孩子的方法可供家长参考：

（1）理智对待孩子的哭闹

孩子哭闹，是因为心理需求没有得到满足。当孩子哭闹时，父母不要打骂孩子，要保持理智。当孩子哭闹完后，父母要告诉他，哭闹是没有用的，爸爸妈妈不会答应他的要求，并且告诉孩子为什么。当孩子发现哭闹并不能达到目的时，自然就会停止这种行为了。当然，父母也不能无视孩子的哭闹。当孩子哭了一会儿后，父母给予孩子安慰和关心，让孩子知道不是父母不爱你，而是因为你做的事情不对，所以父母不会顺着你。

（2）和孩子交流

孩子会说话之后，虽然不能很好地表达所有事情，但是和父母进行日常沟通没有问题。父母要多和孩子沟通，培养孩子用语言表达的习惯。当孩子想用哭闹解决问题时，父母要让孩子把自己的想法和需求说出来，一是父母能知道孩子想要什么，二是当孩子把话说出来之后就不会再憋在心里了，三是可以锻炼孩子的表达能力。

（3）转移孩子的注意力

孩子因为自控能力的不足，所以专注力会不够。如果孩子一直哭闹不止，家长可以转移一下孩子的注意力。比如播放孩子喜欢的动画片，带孩子做他平时喜欢的事情，给他玩喜欢的玩具。这样孩子的注意力就会很快地转移开了，也会从悲伤的情绪中走出来。

（4）家长要坚定自己的原则

哭是一种情绪的表达。孩子哭得厉害的时候，家长都会心疼，但是家长可不能心软。一旦家长没忍住，在孩子哭闹的时候顺了孩子的心意，那么就会有一有二就有三。越是这种时候，家长越要狠下心来，不单单是为了制止孩子无理取闹的行为，更是为了避免孩子变成骄纵任性的人。因为孩子大部分的习惯和性格都是小时候养成的。

孩子 2 岁前，还不太会说话，难受了、痛苦了都是靠哭来表达。3–5 岁时，孩子的哭声就有了目的性：我要这个东西，你不给我，我就哭。这个目的性一开始出现，家长就要对孩子进行训练。当孩子提的要求不合理时，他要的东西就不能给他。同时父母要记住四个“不要”：不要骂孩子。父母的言传身教很重要，要给孩子树立好的榜样。不要打孩子。父母打孩子，这不是正确的教育方式。不要说教。孩子哭闹时，你说什么对他都是噪音，你越说他越闹。不要走开，因为他就是闹给你看的，你一定要看着他闹。父母与孩子的交流要始终坚持有一个原则，记住“三比一”——就是孩子提出三次要求，满足他一次。父母要让孩子知道交流是有用的，但并不是他的每次要求都能够得到满足。这样一来父母和孩子之间就建立了一个比较稳定的关系：你明确说不行的事，他不闹了。如果他真的想坚持，他会跟你商量。这样一来，父母与孩子的关系就好处了。

7. 容易愤怒——孩子在表达反抗

夏天炎热，我和孩子爸爸经常会带着孩子去泳池玩，既能消暑，又能让孩子多接触水。孩子再大点儿就可以学习游泳。这天我们又带着孩子去游泳馆。孩子穿上救生衣，拿了游泳圈，在水中玩得很开心。大概玩了一个多小说，我们叫孩子回家，孩子不肯。于是我们和孩子约定再玩 10 分钟。时间很快就到了，但是孩子依旧不肯上岸。孩子爸爸想把孩子抱起来，谁知道刚碰着孩子，他立马开始扑腾挣扎，哭闹起来。孩子爸爸怕孩子扑腾呛着水，于是说保证下次再带他来。孩子爸爸哄了好一会儿，孩子才肯从水里出来。

有时候孩子闹脾气不一定是无理取闹，而是在表达反抗。在三岁左右，孩子多半会出现持续半年至一年的“反抗期”。突出表现为：孩子的心理发展出现独立的萌芽，自我意识开始发展，好奇心强，有了自主愿望，喜欢自己的事情自己做，不希望别人来干涉自己的行动，一旦遭到父母的反对和制止，就容易出现说反话、顶嘴的现象。

曾有专家做过这样的研究：将两岁至五岁的幼儿分成两组，一组反抗性较强，另一组反抗性较弱。结果发现，反抗性较强的幼儿中，有 80% 长大以后独立判断能力较强；反抗性较弱的幼儿中，只有 24% 长大以后能够自我行事，但是独立判断事情的能力仍比较弱，常常依赖他人。因此，专家认为，反抗行为有时候意味着孩子有其独立自主的想法，不受干预，也不受支配。这正是孩子发展判断力的良好时机，值得父母重视。若只一味地要求孩子服从你，那么他的判断力自然就难以发展。

就像成人的生理周期一样，孩子的成长周期也有高潮和低潮。只是大人能预知自己的情绪感受，孩子却不能。有研究发现，孩子通常每过半年就会出现情绪波动的现象，所以父母常常突然觉得孩子“变坏了”“不乖了”。此时，家长应该多了解孩子的心理，而不是简单的责骂，那样只会起到反效果。当孩子容易愤怒时，以下几种疏导教育方式可供家长参考：

育儿经

（1）理解孩子的同时也要尊重孩子

孩子到了两三岁，喜欢跟父母说“不”。这是孩子建立自我和自尊的第一步。此时，他们意识到了自己的存在，要求有和大人一样的平等地位。孩子对成人的指挥和安排表现出越来越大的选择性。此时，父母对孩子的行动不要轻易加以干涉，不要伤害孩子的自尊。如果孩子必须顺从你的意愿，也不要用命令的口气“要这样”或“不许那样”，而要以平等的姿态，征询孩子的意见，给孩子留出选择的余地。如“看完这一集动画片，就睡午觉，好吗?”“你先写作业，还是玩 15 分钟，再写作业?”这样既维护了孩子的自尊，孩子又乐意听你的话，就不会轻易跟你说反话了。

（2）答应孩子提出的合理要求

孩子到了能独立思考、有自我意识的年龄时，会提出一些自己的要求或者想法，比如“我今晚想吃葡萄”“我可以多看一会儿动画片吗”之类的。这时候家长可以尊重孩子提出来的要求，让孩子做自己想做的事情。这样有助于培养孩子对事物的主见。但当孩子提出不合理的要求时，家长就需要拒绝孩子，比如按时吃饭、按时睡觉等。这些时候父母最好不要给孩子选择的余地，要严格执行。父母切忌，不可先强制压服，引起孩子大哭大闹，然后又让步依顺。这样会养成孩子不服从成人要求的习惯。至于什么时候要求、管教孩子，应该“以不危及生命、健康和道德为原则”。当你本能地要拒绝孩子的要求，或准备降服孩子的反抗行为时，劝你“不”字缓出口。你要想一想，孩子的要求和行为是否危及生命、健康和道德。如若不是，且放他一马。你的耐心将得到孩子人格健康发展的回报。

（3）满足孩子的好奇心

父母的过度保护也会导致孩子的反抗心理。孩子在好奇心的驱使下，想去尝试新鲜事物。这时候父母越不让孩子干什么，孩子就越想做什么。另外，父母过度地包办代替，会使孩子失去许多学习探索的机会；而一味斥责、制止，又会发生顶牛现象。父母要相信孩子的能力，满足他的好奇心。父母要充分相信孩子，让他们在满足合理要求、亲自实践的同时积累经验，体会成功的欢乐。

（4）不能过度放纵孩子

当孩子提出无理要求时，父母要心平气和地和他讲道理，介绍有关知识，说明不能满足他要求的原因，抑制任性、执拗行为的发生。父母可以设法转移孩子的注意，用另一种他更感兴趣的事来吸引他，从而使他放弃那个不正当的要求。在劝说无效的情况下，父母应该明确表示自己的态度：不合理的要求，再闹也不能满足。然后立即走开，用冷处理的方法来终止孩子不合理的要求。

8. 容易恐惧——这是一种危机意识

随着孩子长大，我和老公开始让孩子自己睡一个房间。从前孩子睡我们房间时，只要关灯就会乖乖地睡觉。孩子自己睡之后，晚上睡觉就不让关灯了。

晚上睡觉前孩子让我给他讲故事。于是我就拿故事书讲给他听。孩子听到一半，问我："妈妈，我今晚可不可以和你一起睡？"我说："你已经长大了，要开始自己睡了。"然后孩子又接着问："那可不可以等我睡了再走？"我点头答应，没多久孩子就睡着了。在有人陪着的情况下孩子睡得很快，孩子自己睡的话就得开着灯在床上躺半天。我问他，为什么要开着灯才能睡觉。孩子说，关了灯黑乎乎的，会有妖怪跑出来。

孩子的话让我有些哭笑不得。孩子对于某些事物感到恐惧，是很正常的事情。这也是孩子的一种自我保护的能力。

孩子 5–9 个月的时候会对陌生人感到害怕；2 岁以内的孩子容易被巨大的声音吓到；3、4 岁的孩子害怕响声、黑暗、孤独；5–7 岁的孩子仍然怕黑，并且充满想象力，会害怕"妖魔鬼怪"，害怕打雷、闪电等。孩子产生恐惧的原因一般有以下几方面：

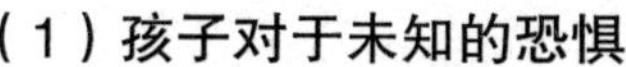

（1）孩子对于未知的恐惧

孩子年龄太小，经历十分有限。孩子对许多东西都处于未知状态，这种未知让孩子充满了好奇和害怕。

（2）孩子的经历遗留下来的恐惧

如果孩子在幼儿时受到过强烈刺激，以后碰到同样的事物，也会引起孩子的强烈反应。比如孩子小时候被狗咬过，那么孩子长大后有可能比其他孩子更怕狗。

（3）他人带来的影响

当孩子在看到他人处于恐惧状态时，即使自身处境并没有任何引起恐惧的因素，也会害怕。比如大人在看恐怖片时产生害怕的情绪，孩子或许并不能理解恐怖片，但他会察觉到大人的情绪，跟着害怕。

（4）家长的教育不当

不少家长在教育孩子时总会用“再不听话，妖怪就要来抓你了”“不好好睡觉，大灰狼就会来吃掉你”等话语来吓唬孩子。久而久之，就会让孩子产生恐惧。

（5）熟悉的环境发生变化

当孩子来到一个陌生的地方时，会感受到一定程度的不安和焦虑，从而产生恐惧心理。

育儿经

（1）正确对待孩子的恐惧心理

恐惧、害怕是人类为了躲避伤害而表现出的自我防御反应。它不是一种可怕的不良行为习惯，相反有其积极的一面。因此，当孩子表现出胆小、畏惧时，父母不用过于担心。许多时候，随着年龄增长，恐惧会逐渐消失，并不影响孩子的生活、行为与社会活动。但如果孩子的恐惧心理过度强烈，以致影响到正常发展，就需要进行必要的干预了。

（2）建立和谐、安全的家庭氛围

建立和谐、安全的家庭氛围，对克服孩子的恐惧心理非常重要。孩子的恐惧心理来自他对外界的一种不安全感。父母要让孩子感觉到安全，要多给孩子一些关爱，让他明白，有父母在，什么都不用害怕。这样就会减轻孩子害怕的情绪。

（3）不要无视孩子的恐惧

家长不能无视孩子的恐惧，当然，也不能太大惊小怪。当孩子害怕的时候，不要责备或者嘲笑孩子。父母如果责备、批评孩子，只会让孩子的恐惧焦虑心理恶化，同时可能封闭自己。家长应该给予孩子安慰，让孩子不再感到害怕。

（4）多和孩子沟通

家长应该经常和孩子沟通，在聊天时告诉孩子一些常识。比如孩子害怕打雷，就可以和孩子简单地说明打雷的原因，让孩子明白这只是一种自然现象，从而消除恐惧。父母除了用语言安抚孩子，还可以带孩子去实际观察。比如孩子怕黑，家长可以让孩子观察同一个东西白天和晚上的样子，让孩子知道不管是白天还是晚上东西都是一样的。家长在教育孩子时切忌吓唬孩子。孩子年龄小，不具备分辨是非的能力。父母一味地用“妖魔鬼怪”吓唬孩子，会徒增孩子的恐惧。

（5）用行动消除孩子的恐惧

要经常、及时地赞赏孩子的良好表现。当孩子接近曾经害怕的小兔子时，家长要及时鼓励孩子的勇敢。孩子敢独自睡觉了，要及时给予表扬。在孩子害怕时，父母也可以用玩具或语言来分散他的注意力，使其注意力从害怕的对象上转移开来，忘掉恐惧。孩子害怕某一事物时，父母也可以使用系统脱敏法，徐徐诱导，让孩子逐渐接近所害怕的事物。久而久之，他便会见怪不怪，不再害怕。

（6）给孩子树立良好的榜样

父母是孩子最好的老师，父母的言行举止都会给孩子带来潜移默化的影响。家长要以坚毅勇敢的行为去引导孩子，也可以借鉴影片、故事和图书来培养孩子乐观勇敢的性格，帮孩子克服恐惧。在安全的情况下，家长不要限制孩子的活动，要让孩子多接触自然和其他小朋友。这样能够帮助孩子增加认知。家长可以多和孩子进行亲子活动，比如爬山、攀岩等可以增强孩子毅力的活动，从而培养孩子的坚强品质。

八、这些不良性格，是家长给了他“理所当然”的想法

父母是怎么样的，孩子就是怎么样的！英国作家查·艾霍尔认为，模仿是孩子的天性。他们的一些性格不是天生带来的，而是在家长的陪同下后天发展的。

有什么样的思想，就有什么样的行为；有什么样的行为，就有什么样的习惯；有什么样的习惯，就有什么样的性格；有什么样的性格，就有什么样的命运。习惯决定未来，性格决定命运。孩子小时候的发展，影响着孩子一生。

父母要了解孩子的习惯和性格，并有意识地规范孩子的思想意识和行为习惯，让孩子身体健康和心理健康地茁壮成长。

1. 爸爸有钱所以我不用努力——好逸恶劳心理在作祟

邻居的孩子比别人玩具多。他妈妈跟我说：“我家孩子不缺少玩具。只要是他喜欢的玩具，我都会给他买。毕竟我们也买得起。”

开始邻居还以此为荣，觉得自己有能力满足孩子的一切需求，所以心里总有一种优越感。但是后来孩子出现的问题，让他们意识到之前培养孩子的方式都是错的。

他家孩子上小学后，总是用钱来“说话”。比如，老师要求他写完作业，他就会问：“做作业有钱赚吗？我不用努力，都有很多钱了。你们努力上学，不都是为了以后赚很多钱吗？”

老师如实跟邻居反映，邻居开始慌了。他们意识到，这一切都是因为他们没有引导孩子树立正确的金钱观。

一味地满足孩子要求，他就不会珍惜金钱，因为他无论索要什么，家长都能够满足他的欲望，他为什么要珍惜金钱呢？

那些能够传承百年的富豪家族特别注重培养孩子的金钱观念。如果家庭中有人的金钱观不正确，再多的财富都会被挥霍掉，而且会助长孩子“不用努力”的思维。所以这些富豪从来都不会让孩子享受过多的物质生活，正常即可。

培养孩子正确的金钱观需要从小做起，以下几种做法可以供家长借鉴：

育儿经

（1）不要用钱来换取孩子的“喜悦”

很多家长喜欢用钱来讨好孩子。孩子一哭，家长就会拿钱给孩子，说：“别哭，我给你钱，你可以去买你喜欢的东西。”这样一来，孩子就习惯了“只要哭就能得到金钱”。

当孩子要赖，非要家长用钱来解决他的烦恼时，家长一定要坚持正确的金钱观。孩子是否该获得他想要的物品，是家长要考虑的问题。比如，孩子小，根本不会用手机，家长却给孩子买手机当玩具，这是不正确的。

只有你坚持不给孩子买“不属于他这个年龄段的物品”时，才能培养孩子正确的金钱观。孩子自然就不会认为“给他钱”是理所当然的。这时孩子才能够因此更好地融入同年龄的孩子。

我们需要在孩子的价值观念形成初期就栽下正确的种子，如此才能成长为参天大树。

（2）不要笑贫，也不要仇富

很多家长总是给孩子错误的教育和引导。比如，家长看到一辆豪车从身边经过时，对孩子说：“你看到没有？开这种车的人很威风。从你身边走过他们看都不看你一眼。你长大了也要做有钱人哟。”这种教育方式很容易让孩子形成崇拜金钱的观念，一旦达不到自己的目标，就会变得“仇富”。

还有一种家长老是在孩子跟前愁眉苦脸，说家庭有多穷。也许他们是

为了教育孩子养成节俭的习惯，但是，家长经常这样教育孩子，会让孩子因贫穷而缺乏自信。这也是不正常的。

（3）家长不要带头攀比

有的家长往往会这样对孩子说：“你看，我们比别人家好多了。起码我们有宝马车，隔壁就没有，所以你更应该好好学习。”

也许家长没有攀比的意思只是想通过对比来刺激孩子好好学习。家长的出发点是好的，但是教育孩子的方式错了。家长如果经常与别人攀比，会让孩子错误地以为，钱是万能的，有了钱，什么都可以做到。

一旦形成这样的思维，孩子做什么，都会首先考虑到金钱。比如，老师叫他努力写作业，孩子很自然地就想到，做作业能不能有钱赚？所以，家长想要培养孩子正确的金钱观，就不要有财富攀比的心理和行为，尤其是在孩子面前。

2. 父母为我付出是应该——理所当然心理

有不少家长问我，该怎么对孩子好呀？如何把握一个度呢？对他们太好，就怕他们恃宠而骄，不会珍惜；对他们不够好，又怕他们疏离自己，把关系闹僵。说实话，作为家长，确实应该慎重考虑自己付出的艺术。有人说，对孩子好，就好了，不能太过于斤斤计较。实际上，这不是想当然的事情。如果不能做得恰到好处，就会出现我们意想不到的局面。正所谓差之毫厘，谬以千里。不少家长都很担心孩子长大后无法自立，那怎么办呢？总不能给他们包办一切，负责到底吧？等自己年迈了，他们又该依靠

谁呢?

所以，我们应该从孩子小时候就有意无意地给他们敲警钟。一看到孩子跌倒了，几乎所有家长都想着立马把他扶起，却很少有人能憋住冲动，冷静地鼓励孩子自己站起来。父母不能陪伴孩子一辈子，孩子总有离开父母的时候。而且父母也有自己的生活。如果我们什么都给孩子付出了，孩子还需要再付出什么呢?简单来说，就是过犹不及。

这里有一条定律，是我们家长需要了解的，叫“贝勃定律”。它指的是，一个人在长期接受某种强烈的刺激后，面对程度比较低的刺激，会觉得微不足道，或在心理上不能得到满足。就好像开惯了快车，就不能忍耐缓慢的行驶；经历了奢华的生活，就不能忍受一刻的贫穷。

很多父母对孩子只是一味地付出。刚开始孩子还会觉得感动。时间久了，他们终究会对这种付出变得习惯。沐浴阳光久了，就很少有人记得感谢太阳。面对父母不停地关爱和付出，孩子的反应却逐渐变得麻木。试想一下，如果你忙前忙后，孩子却无动于衷地接受，这是多么可悲的事情。甚至于，他们还不一定会接受，更可能抱怨你的能力有限，不能每时每刻都给他们提供同样质量的付出和帮助。

孩子会觉得父母的关心是理所当然的。这会导致孩子不懂得珍惜，对别人的付出也视而不见。如果孩子长期抱有这种想法，就不会敬畏父母，只会变得自私自利。不懂得感恩的孩子，步入社会后也是难以生存的。如果想避免让孩子变得麻木，父母就要对孩子适当地引导，培养孩子的感恩之心。以下几种教育孩子的方法可供家长借鉴：

（1）考虑自己的付出是否合理

孩子总会提出很多要求，我们最好要经过一定的考虑，再决定是否答应孩子的要求。万万不能让孩子认为“父母一定会答应自己的要求”，或者一定会应允自己的无理取闹。我们既不能对孩子的要求视而不见，也要考虑自己的付出是否合理，尤其是触及底线的要求不能答应。

我们也要让孩子知道，别人不一定会付出，也不一定会答应你的要求。这样一来，他们以后在提出要求的时候，也会更加慎重。当孩子知道，期待别人付出的想法并不能完全得到满足时，就会更加珍视别人的每一次付出。

（2）父母的付出要张弛有度

太容易得到的，就不容易被珍惜，这是人类的共性。

随着时代发展，大家的生活水平也不断提升，人们的欲望也水涨船高。虽然很多家长拥有不错的家庭条件，能够给孩子提供应有尽有的物质，但是为了孩子的健康成长，还是不要太过于满足他们。只要有了金钱，买下东西就变成了一件非常容易的事。不当家不知柴米贵，虽然家长明白生活的艰辛，但是孩子并不明白。许多家长也没让孩子明白。家长想让孩子学会感恩，就不要让他们以为米饭是从电饭锅里煮出来的，要让孩子体会种植的艰辛之后再得到，这会更加有意义。

何况，人心不足蛇吞象。人的欲望是永远不会满足的。你现在或许可以随便给孩子山珍海味，以后却不一定。你现在可以给他们想要的玩具和衣服，却不一定满足得了他们以后想要的天价的车房。

当然，也不能过度打击孩子的欲望和需求。孩子的欲望确实需要控制，但不是简单粗暴地打压。人只有拥有欲望才会有前进的动力。父母不要以自己的感受为基准，决定孩子需要什么。太过严苛的教育，也难以让孩子感恩。父母要善于倾听孩子的想法，适当地满足孩子。

（3）要孩子懂得付出

在孩子获得的过程中，父母要增加一些坎坷。比如有些东西买不起，就直接告诉孩子，这样孩子才不会认为，得到父母给予的任何东西都是理所应当的。并且，因为沉没成本的存在，付出的人也会更喜欢付出的感觉，更懂得付出。如果你从不让孩子付出，也不让他们学会付出，还能指望他们以后无师自通吗?

要告诉孩子，想要得到什么东西，就需要付出自己的劳动和努力。孩子得到的这件东西，也是父母付出之后，才交到他们手上的，并不是凭空出现的。我们要鼓励他们，为了自己想要的东西付出心血。我们要让孩子在体会到不容易的同时，也会明白父母之前的不容易，更懂得感谢父母的付出。

3. 他是大人所以应该让着我——我弱我有理

同事和我反映，很多孩子越长大越娇惯，完全以自己为中心，一副自以为是的样子，一点儿也不显得可爱，变成了不讨人喜欢的“熊孩子”。年轻朋友也不喜欢“熊孩子”来家里拜访，因为这可能会影响他们原本舒适的生活。要么乱开电脑，擅动手办，要么大大咧咧，骄横野蛮，一点儿也不客气。各位家长也需要注意，时刻提防自己的孩子变成惹人讨厌的模样。否则，自己孩子去拜访别人家，也会变成不受欢迎的人。

很多孩子觉得，别人让着自己，是天经地义的事情。思维上会形成一种定式，以自我为中心：别人对我好，是理所当然的，谁让他们比我大。他们看不到别人的需求，只看到了自己想要什么。

有一次，我带着妞妞到游乐场去玩儿。一个小男孩在沙坑里一边打滚一边哭着叫妈妈。旁边的大叔一副无可奈何的表情。我就问，怎么了？他说，因为下棋没让着孩子，他就闹，连棋子都扔了，砸中了旁边的小朋友。他要打孩子屁股，于是孩子就开始哭闹。后来男孩妈妈赶到了，一问原因，就白了他一眼。男孩妈妈怪他没让着孩子，还闹着要与他离婚。

其实不能这样。家长需要明白，孩子也追求公平。家里有二胎的更要注意，不能把自己的爱和资源过多地给予较小的孩子。因为大孩子也需要父母的爱，只要孩子未成年，就需要家庭给予资源支持。如果家长过于偏爱其中一个，就会让另一个没有归属感。其他孩子来家拜访时，家长也需要牢记，主人固然需要照顾客人，可是涉及资源和权利，他们一样都是孩子，没有大的必须礼让小的之说，不该因为年龄差异产生任何特权。只要是涉及每个孩子都应该享有的权利，就应该一碗水端平，吃的东西要同样的质量，玩的也要一样的水平。就连父母的陪伴，也是一样的，不能过于明显地偏向。孩子在成长过程中，都需要父母的陪伴，不能因为大孩子稍大了点儿，就把所有时间都用来照顾小孩子。

那么，当孩子要别人让着自己时，家长该怎么办呢？以下几种做法可供家长借鉴：

育儿经

（1）告诉孩子，别人没有义务礼让你

首先我们需要告诉孩子，别人是没有义务礼让你的。亲戚朋友可能会让着你，那是出于亲情和友情，或者出于父母的面子照顾你。而陌生人完全不必要委屈自己，因为他们也需要拥有自己应有的权利和义务。

人处在社会之中，就是在不断地占有和分享社会资源。在电影院看电影，占用了电影院的资源；在游乐场娱乐，也占用了游乐场的资源，而在场参与的每个人都有占用资源的权利。所以，家长要端正心态，不能强求别人一味地礼让自己的孩子。这样也有助于帮助孩子树立正确的人际交往观念，培养孩子的同理心，以免孩子养成以自我为中心的心理。

（2）告诉孩子，学会自立自强

大人总是让着孩子，会让孩子以为“大人必须让着我”。一味地让着孩子，孩子并不会因此心怀感激，更不会反省自己的不是。相反，他只会觉得这是应该的。他做什么都可以，就因为他是孩子，大人必须让着他，这个社会必须让着他。一旦孩子产生了这样的心理，这是非常危险的。现在社会的一些青少年违法犯罪案件，与大人们对孩子从小到大的纵容不无关系。我们应该教导孩子，从小学会自立自强，否则真正遇到问题和危险，别人并不一定能够礼让他。

当然，过犹不及。孩子毕竟还是孩子，我们确实需要给予他们更多的关心爱护。孩子毕竟是弱势群体，我们应该对孩子有一定的宽容和耐心，不能过早地让他们领会冷酷的丛林法则。用成年人的优势欺负孩子，更是为人所不齿。在合理范围内的谦让，是应该被鼓励的。

（3）告诉孩子，学会礼让他人

文明礼让，友爱互助，是华夏的传统美德。家长要让孩子拥有着一颗感恩的心，让他感谢回报传递这份爱，而不该自私自利。一定的礼让是非常有必要的，比如上台阶时让哥哥扶着妹妹，坐公交让妹妹先上。这种礼让应该提倡，也能激发孩子的荣誉感，让他更懂得回报社会。

4. 别人说什么我也说什么——家长没有倾听孩子意见的习惯

最近，闺蜜约我带着孩子们去吃自助餐。她儿子五岁，叫明明，比我家妞妞大两岁，却不怎么说话。明明不喜欢和人招呼，妈妈叫他干什么，他也不答应，就默默地坐着。妈妈提醒他吃饭前上厕所，他就去厕所；叫他帮忙端一盘牛排，他便去端；喊他去倒饮料，他才过去倒。我问明明吃什么，他也不吭声，半天他才说随便。我又问他：“你有没有自己特别想吃的呀?”他默不作声，迟疑了一下，摇了摇头。我就和明明妈说：“你家孩子喜欢吃啥呀，咱们给他拿一盘。”她就说：“应该没有吧，我吃什么，他就吃什么，这孩子不挑食的。”我问明明：“你有没有自己想吃的呀，阿姨帮你拿?”明明那双清澈的眼睛仔细看了看我，嘴唇抖了抖，却没有说什么。我鼓励地看着他。明明妈笑着打断我，说：“莹莹啊，你就好好吃吧。这孩子，

我一手带大的，想吃什么，我还不知道吗?”我清楚地看到，那一瞬间，明明明亮的双眼顿时暗了下来。我就明白，他一定有什么想说的，还憋了很久。我就给明明妈说:“带孩子出去吃了这么多次，孩子可能也想尝尝别的呀，对吗?”我认真地看着明明。他的嘴唇一直在抖，却开不了口。我笑着望着他。他深深地看着我，点点头，“嗯”地答应了一声。

明明妈惊讶地看着他，说:“你这孩子，要吃啥，怎么不大大方方地说出来呢?想吃啥就告诉妈妈呀。”我告诉明明妈，要多听一听孩子的意见，要经常询问孩子，此时此刻他最需要什么。不能自己什么都包办，什么都管，什么都说，不给孩子表达自己的空间。这种过度的照顾，不利于孩子的成长。久而久之，他就会憋住不说，变得不爱表达，唯唯诺诺，只知道听从长辈的意见，没有了自己的主张。

其实，孩子是在不断成长的，我们不能一直把他们当作婴幼儿那样照顾，要学会慢慢撒手，让孩子逐渐学会独立。当然，孩子独立是一个漫长的过程，家长不能够立刻就对孩子放任不管，还需要时常了解孩子的需求和心理，多和孩子沟通，鼓励孩子表达自己的想法和需求。如果父母以自以为是的姿态包办孩子的一切，一旦方法不对，亲子双方都会感到痛苦。而且，不正确的沟通方式，还会白白浪费家长的许多精力与时间，让父母和孩子之间产生不必要的隔阂。所以，孩子在成长过程中，需要父母贴心地陪伴。父母要多倾听孩子的心声。那么，我们该如何倾听孩子呢?以下几种方法可供家长借鉴:

（1）让孩子把话说完

每个人都有表达的需求。当孩子想要和父母诉说某些事情时，我们应该及时给予足够的重视，暂时把手上的事情停下来，不要总是忽视他们的表达，也不要让他们以后再说，哪怕是幼儿园鸡毛蒜皮的小事。当孩子诉苦或者向家长承认错误时，家长不要责难孩子。家长不该打断孩子的话，而是要认真地听完，让孩子知道，你是重视他的。如果你总是打断孩子，或者不分青红皂白地责怪他，他以后就再也不会对你开启表达的大门。随着时间的推移，父母与孩子之间的沟通就会出现问题。一旦父母不了解孩子，孩子也不理解父母，就会加剧孩子的反叛心理。

为此，我们应该尽量听孩子把事情说完，并且表现出很重视他所说的事情，要不时点头答应两声。当孩子感到了父母的关注时，就更愿意表达自己的心理感受。当父母愿意倾听孩子的诉说时，他们会感到父母对自己的关心和尊重，使亲子关系更加和谐。父母应该鼓励孩子多说一些关于自己的事情，然后仔细倾听。在这个过程中，你会发现，其实孩子有很多非常奇妙可爱的想法。如果家长能够长时间倾听孩子的意见，多给孩子一些表达想法的机会，他们会觉得自己具有提出意见的权利。这样，孩子们就会独立思考，甚至在遇到问题时，能独当一面，提出解决问题的办法。

（2）家长要适当给予分析和建议

除了倾听之外，作为家长还应该积极发掘孩子在表达时表现出来的优势，然后发自内心地赞美他们。如果孩子向家长诉苦，家长还需要根据自己的经验给他们一些合理的建议。

倾听是家长时刻了解孩子心理变化的主要手段。只有多倾听孩子的需求，家长才能更多地了解孩子的情况和想法，不会在没了解实际情况之前做出错误的决定，发表不恰当的言论。如果父母不倾听孩子的需求就擅自帮他们决定，他们会怀疑父母的威信，对父母失去信心。

所以家长必须学会倾听，这样我们就可以了解孩子的真实想法，察觉他们的心理变化，及时加以教育，培养出优秀的孩子。

5. 长得丑的人品一定不好——不要刻意带孩子远离残疾人

每个人自一降生就已经在社会之中了。孩子终究要长大，踏入社会。父母应该教会孩子怎么面对形形色色的人，立足于这个社会。《了不起的盖茨比》中有句名言：在你想评判任何人时，请记得，这世界上不是所有人都具备你所拥有的条件。这是孩子必须知道、也是父母必须教给孩子的道理。

妞妞稍大了点儿，我就开始带她上街了。她对这个世界的每一样事物都很好奇，对每个人都一样面对。她正处于最纯真的年纪，分不出别人的高矮贫富。有一次，我带她逛超市回来路过一个天桥，一个乞丐晃晃悠悠地朝着我们迎面走了过来。他经常在这个天桥乞讨，熟悉他的人都知道，他的一只眼睛看不见了，腿脚也不灵便。他身上穿着不合时宜的破烂棉袄，留着大胡子，一副邋里邋遢的样子，身上还散发出一股难闻的怪味。过往的行人们都捏着鼻子远远地躲开他。我也皱着眉毛，下意识地避了一下。妞妞看到了，奇怪地望着我，问：“妈妈，怎么了？那个叔叔很可怕吗？”

我当时心里一惊，想了半天，不知道该怎么给妞妞解释，毕竟我的举动已经流露出了我内心的想法。我羞愧极了，第一次觉得自己还比不上妞妞。我想，如果我什么都不做，妞妞长大后也会像行人一样遇见弱势群体就远远地逃离。如果每个孩子都无法正确地对待弱势群体，这个世界还会和谐吗？

我摇了摇头，问道：“妞妞，你喜欢吃蛋糕吗？”她回答：“喜欢！”我又问：“妈妈喜欢吃吗？”她说：“喜欢。”我问：“如果你有蛋糕，妈妈没有，你会分一个给妈妈吃吗？”然后，我高高地扬起刚从超市买回来的一袋蛋糕。“会呀。”她笑着说。“如果以后你没有钱了，吃不了蛋糕，怎么办？”我又问。她噘着嘴，微微摇了一下头，不知道该怎么办。我望了望那个乞丐，然后问妞妞：“这个叔叔现在很想吃蛋糕。可是他没有钱，吃不了蛋糕。你会分一个给他吃吗？”妞妞用清澈的目光认真地看着我，又轻轻地点了点头。

“咱们过去吧！”我说。我笑着鼓励妞妞，和她一起走了过去。乞丐不解地望着我们。我俯下身子，把蛋糕的袋口张开。妞妞慢慢地拿了一块三角蛋糕，放到乞丐面前的地上。他笑了，眼神和孩子一样清澈。“谢谢你！小朋友。”他的口音很重。妞妞却好像听懂了，害羞地笑着跑远了。其实，如果孩子能帮到别人，自己也会很开心。如果孩子从小就能体会到帮助别人的快乐，以后也会热心地去帮助别人。有时候，父母不一定指望孩子以后能够出人头地，干出什么惊天动地的大事。孩子就算将来只是一个正直善良的普通人，父母也已经算是合格的家长了。

怎样将孩子培养成一个正直善良的人呢？以下几种做法，可供借鉴：

育儿经

（1）引导孩子学会共情

共情，也叫同理心，是人本主义创始人罗杰斯提出的理论。共情和同情不一样，共情是同情的前提，我们需要先学会共情，才能真正懂得同情别人。共情实际上是一种能力，一种能够深入他人的主观世界、了解他人感受的能力。简单来说，就是换位思考，站在他人的立场上设身处地思考问题的方式。

父母应该教导孩子，学会体会别人的情绪和想法。父母要让孩子设想，如果我们是乞丐，将会面临怎么样的处境？我们期望遇见的，是别人的鄙视与唾弃，还是温暖和善的言行呢？我们应该让孩子体会到对方的需求，理解别人的立场和感受。只有这样，才能站在他人的角度思考和处理问题。

我们需要让孩子明白，希望别人怎么对待自己，就要怎么对待别人。教会孩子共情，实际上也是教导他们成为好孩子的关键。孩子学会了共情，更能体会到父母的艰辛，知道一粥一饭的来之不易，真正懂得感恩。

（2）教孩子学会正确认识他人

这个世界上不是所有人，都具备你所拥有的条件。父母应该这么教导孩子，让孩子认识到他人的弱势，并学会体谅和宽容他人。我们不能用固

定的标准衡量每一个人。因为每个人都是不同的个体，都有着自己的优势与劣势。我们自己也不例外。我们希望，别人不要用长处来鄙夷我们的弱点。同样，我们也不要利用自己的优势来嘲讽别人的劣势。

（3）鼓励孩子行动起来

善良不是口头说说就可以，还需要身体力行。理想认知与实际行为之间往往容易出现偏差。想象的时候很美好，具体实施就容易碰到各种困难并放弃。我们不能只是口头教育孩子尊老爱幼，关心爱护弱势群体。孩子在没有经过实践时，他的认知便没有真正落到实处。等孩子真正地接触“老”“幼”“弱势群体”的时候，可能一下子没有反应过来。但是，如果让孩子先进行实践，再告诉他，要关爱弱势群体，他就能明白：这类人，是弱势群体，是我们需要关心的对象。以后他再见到这类群体，不需要别人提醒，自己就会做得很好。

6. 踢坏了窗户不敢承认——是你抹去了他改过自新的机会

犯错，是每一个孩子都经历过的事情。父母经常看见孩子犯错：吃饭吃成大花脸，走路摔倒，经常打碎家里的瓶瓶罐罐，把木质家具划花……父母既心疼，又有些无奈。事实上，孩子是一定会犯错的。父母改变不了这个事实。这是孩子成长必然会经历的事情。父母最应该改变的，是自己的心态。

在一次家庭聚会中，我发现，每个亲戚说起自家孩子，都是一副恨铁不成钢的样子，尽可能地贬低自己的孩子，却毫不吝惜地夸赞别人的孩子。

三姑一说起自家孩子，更是一番数落。什么作业不会做呀，在家不做家务，袜子衣服乱扔，把在场的孩子说得脸都红了。她依然没发觉，又说到孩子最近踢球，把学校的窗户踢烂了，一声不吭地跑回家躲着，谁问也不出声。孩子还骗家长说，要交资料费。结果老师打了好多电话到家里，他们才知道这件事。然后，他们把孩子一顿好骂。当时旁边都是亲戚，还有亲戚的孩子们，大伙儿笑着打趣。虽然大家都知道，这只是调侃，但是孩子却认真了。这顿饭中，三姑说得孩子的脸一阵红一阵白，饭都吃不下去了，低头呜呜地哭。

事实上，不管为了什么目的，父母都应该多夸赞孩子。有不少家长和别人谈天时，总喜欢夸赞别人的孩子，贬低自家的孩子，笑着把孩子的窘事儿当作谈资，活跃气氛。虽然他们的内心非常爱自己的孩子，但还是这么"谦虚"。问题是，孩子想的都比较实诚。他只知道，你在当众贬低他。他忽然觉得你不爱他了，开始怀疑一切。

孩子为什么不敢承认错误？是胆小怕事？还是你抹去了他改过自新的机会？我认识一个孩子。这个孩子一发高烧，他爸妈就生气，一有感冒，他爸妈就恼怒，总是训斥他要保暖好。好像生病都是孩子的错。结果下一回，孩子生病了也不说，一直瞒着爸妈。等爸妈发现孩子病了时，病情已经非常严重。孩子爸妈一路哭着将孩子送往医院，孩子差点儿没抢救回来。本来孩子的免疫力就低下，父母更应该责怪自己没有尽到看护的责任，怎么能责骂孩子，让他保证自己不生病呢？如果他觉得你会因为他犯错而大动肝火，又怎么敢承认错误呢？谁敢一次次地面对你的怒火呢？

作为父母，要正确对待孩子所犯的错误。以下几种做法可用借鉴：

（1）不要轻易地当众批评孩子

孩子也有自己的尊严。如果父母不在意维护孩子的自尊，就容易造成关系的对立，提前或加剧孩子的叛逆，甚至造成不可挽回的局面。而对立的原因在于，孩子认为，一家人本应该互相照顾，互相尊重。如果父母不在乎孩子的尊严，对孩子随意批评，当众奚落，轻易打骂，会让孩子认为你根本没有尽到应尽的责任。父母总以为孩子还小，容易忘却，认为孩子也不会在乎。这是很明显的错误！

事实上，童年时经历的一切，足以改变一个人的一生。一句话，一件事，一个人，孩子都能记一辈子。很多人的童年阴影会与其相随终生。所以，我们应该注意和孩子说话的方式，把他当作大人一样重视和尊重。

（2）给孩子认错的机会

为什么孩子害怕承认错误？是不是父母没有给他承认错误的机会？作为父母，应该宽容孩子，原谅孩子犯的错误，甚至还要乐于看到孩子的错误，鼓励孩子试错。孩子承认错误的时候更要称赞他们。从另一个角度看，孩子犯错，也是孩子积累经验、吸取教训的时候。孩子犯错的时候，也是父母对孩子进行教育和引导的最好时机。

（3）引导孩子正确的方向

我们应该告诉孩子，犯错是正常的，不要害怕。犯了错误，要勇于承认，并且从中汲取经验教训，争取以后不再犯同样的错误。

孩子犯了错，我们既不能大动肝火，也不能放任自流，听之任之。孩子犯了错，我们要及时地纠正孩子的错误。如果父母什么也不做，孩子会认为，他的错误是父母默许的，或者根本意识不到这是错误的。

当孩子犯错的时候，父母要及时提醒他们，这是错误的，给孩子一个有益的见解，并且让孩子记住这个教训。父母要用平和的语调和孩子交流，及时告诉孩子，为什么这是错误的。如果不方便，这个环节可以留待回家后仔细地给孩子解释。父母要温和委婉地指导孩子，应该怎么做，如何才是正确的。如果有外人在场，父母更要注意暗示或者小心提醒孩子，不要让孩子下不来台，丢了面子。

7. 没有买高档球鞋就绝食——你的溺爱成了孩子的依仗

我做家教时，一个孩子的家长总是向我打电话诉苦。他的孩子正上初中，是个学习成绩数一数二的男孩。他见到我时挺有礼貌。我对他各方面的印象都还不错。男孩妈妈跟我说：“孩子总是向家里要钱，怎么办？我该不该给他？”这个男孩的各个方面都挺好的，家人对他也是宠爱有加。男孩每周末从学校回家，父母都是给他变着样地做各种美食。

男孩妈妈说：“给吧，怕他以后变本加厉地要钱。不给吧，又怕他为了钱做出什么不良的举动。今天他刚回家，就悄悄问我，能不能给他买双鞋。我想，孩子没有当着他爸的面说，这事儿可能是他有自己的小算盘。我就给他说，家里不是给你买了不少鞋吗？你看，你的鞋柜里都要放不下了。他就说，那些都不是他喜欢的，是我们自作主张给他买的。款式、颜色，都不是他想要的，怎么能在同学面前穿得出去？我们自己乱买的，就给我们留着自己穿好了。我当时就火了，这孩子咋能这么说话呢？我就问他，那好，你要买啥？他说，AJ。我就问，AJ是什么？他说，学校里，大伙儿都喜欢穿，他也要。这时候孩子爸回来了。我就问他，AJ是什么，有多贵？孩子爸当时就摇头了，说鞋柜里那么多鞋，你都穿不完，却和别人攀比。别人每次考第一，你怎么不比呢？孩子生气了，把自己关在屋里不出来。我本来做好了一大桌子菜，等着孩子从学校回来。这时，叫他也不应，菜都要凉了。刘老师，孩子之前岁数还小，各个方面都不错，也很听话。这一长大了，怎么就这样了呢？”

作为家长，也许都有过这样的体会，你又是怎么做的呢？孩子总是会和家长撒娇。家长带孩子上街，孩子要么买变形金刚，要么买芭比娃娃，要零花钱，买衣服，买手机，买电脑……家长一想起来就头疼。你是怎么对待孩子的要求呢？我亲眼见过家长当众打孩子，或者任由孩子在地上撒泼打滚，或者对孩子置之不理，任由孩子号啕大哭。其实，我们小时候也不免如此。即便是再小的孩子，也有自己的需求。当然，对于孩子的需求，我们不能一味地满足，也不能总是拒绝。以下几种做法，可供借鉴：

（1）把拒绝原因告诉孩子

春秋时，有一则故事，叫“曾子杀猪。”曾子是孔子的得意弟子之一。

有一天，曾子的老婆要去买菜，孩子闹着要跟着去。曾子的老婆实在受不了，就敷衍孩子说："如果你在家好好待着，我回来后杀猪给你吃。"等曾子的老婆买菜回来，见曾子真的要杀猪。她就急了，对曾子说："我是骗孩子的，你怎么能真的杀猪呢？"曾子说："对待孩子，不能欺骗。他现在还不懂事，只会模仿大人的行为。如果今天你欺骗了他，就是在教孩子欺骗。以后他就不会相信任何人。教育孩子，就要对孩子以诚相待。"最后，曾子还是杀了猪给孩子吃。

这个故事告诉我们，身为家长，面对孩子们的索求时，应该谨慎。如果你不能满足孩子的需求，就告诉孩子不能买，并且最好跟他解释清楚，为什么不能买。如果孩子因此有了负面情绪，家长就在身边陪着他，不要假装丢下孩子，任由孩子哭闹；而是应该安慰孩子，不要训斥和说教，更不能当街打孩子。如果你可以满足孩子的要求，就痛痛快快地满足他，而且，还要告诉孩子，你为什么给他买，原因是什么。你要留给孩子理解你的余地，而不该让孩子对你的爱失去信心。

（2）理解孩子的需求

作为家长，我们应该好好地想一想，孩子为什么向我们要东西？是因为无理取闹，还是真的有这种需求？

马斯洛需求层次理论提出，只要是人，都会有生理的需要、安全的需要、归属与爱的需要、尊重的需要、自我实现的需要。即使孩子在学校住宿，也需要一点儿零花钱，或许不多，但是能够给他们足够的安全感。毕竟在家长眼里可有可无的一些零钱，已经是他们生活的保障。

如果孩子确实需要某些东西，家长再打骂孩子，他们也还是需要的。你想一想，如果孩子真的想要一些东西时，一旦不能从正常的渠道得到东西，将会怎么办呢？小偷小摸，还是抢劫偷窃？走惯了大门，以后就常走大门；翻惯了窗子，以后就常翻窗子。问题在于，我们如果可以轻而易举地开门，何苦一定要逼迫他们翻窗呢？我们为什么不能心平气和地和他们商量，为什么不能多点儿耐心，去看看他们真正想要什么？或许，给孩子一双他真正想要的鞋子，比家长擅作主张地给他买一堆不喜欢的鞋子，效果会更好，孩子也会更感激你。

（3）让孩子知道家庭条件

网上有个热帖：“爸爸妈妈总是哭穷，给你带来了怎样的阴影？”这个帖子戳中了网友们的痛点。大伙儿纷纷大倒苦水。父母明明有一定的积累，自己的家庭条件也不算差，可他们总是喜欢哭穷，对孩子诉说生活不易。父母总以为“穷人的孩子早当家”，这样会让他们更懂事。没想到的是，这样做的负面影响其实比正面影响大得多！这会导致孩子在理应关注自身的发展阶段，过早地为家庭操心，怕这怕那，自卑内向，在别人面前抬不起头来。甚至他们童年时的怯弱和不自信会影响以后的求学、求职，乃至恋爱、结婚等，导致一系列问题。

当孩子向你索求时，你应该重视他的需要，而不该过于夸张地描述家庭困难，来打消他的念头。你以为这样可以一劳永逸地拒绝孩子的索求，实则是在危害他的一生！

正确的做法是，让孩子知道家庭条件，告诉他，哪些是父母可以帮忙的；哪些是需要全家一起努力才能达到的。这样，孩子就不会以为自己的家庭样样不如人而自卑，或者以为家里穷而节衣缩食，在长身体的关键阶段影响孩子的健康。相反，这样做还能让孩子更加奋进，懂得自己梦寐以求的东西，不能幻想着祈求别人给予，而是需要靠自己的努力去争取！

8. 看电视成瘾，劝也劝不住——孩子的好奇心领域在变窄

现代科技的发展日新月异，电脑手机走进了千家万户。新一代的孩子们都是抱着电视电脑手机长大的，由此也带来了新的隐忧。

为什么孩子喜欢看电视呢？而且他们看的，还不是舒缓放松的歌舞剧，一般都是视听感受强烈的节目，或者动画片等。主要原因在于，这些节目会给孩子带来非同寻常的体验和感受，其中富含各种图形、人物，开拓了孩子的视野，丰富了他们的认知水平。因为年龄尚小的孩子，大脑的认知需求极度增长，很容易被这些丰富的电视节目所吸引。

有专家指出，让孩子们过度看电视是有害的。学龄前，5–7 岁的孩子，每天看电视的时间最好不要超过 45 分钟。当然，入学后的孩子可以适当延长。学龄前孩子的家长要注意，如果孩子沉迷于电视节目，会导致以下风险：

（1）注意力缺陷

研究表明，1–3 岁儿童每看一小时电视，未来患上注意力缺陷的风险就会增加 10%。而且在 7 岁左右，这种表现尤为明显。原因是电视节目色彩鲜艳、场景变化飞快，会导致儿童注意力紊乱，使他们难以集中精力做一件事。相反，如果孩子不看电视，他们将有更多的时间进行有利于培养注意力的活动，如阅读、体育运动等。

（2）思维力迟钝

研究表明，人脑至少需要 5–10 秒来处理刺激，电视节目却每秒 24 帧画面的速度闪烁着。这种对比往往使人没有时间思考，只能被动地接受来自一个方向的信息。长期处于这种状态，会使孩子的神经系统和身体机能产生疲劳，并且慢慢地丧失思维能力。相反，不看电视的孩子往往思维敏捷。

（3）想象力缺乏

人们的心理中有一种先入为主的现象。经常看电视的孩子会把电视剧中塑造的形象固化在脑海中，最终会失去想象力，而不看电视剧的孩子往往想象力更丰富。“抑制现象”是心理学中关于人的遗忘和学习的理论。如果学龄前的孩子看了太多的电视，电视中的内容就会变成他们先学到的内容。等进入学校学习时，枯燥乏味的书本知识就变成了后学的内容。根据“前摄干扰”原理，电视比书本的知识丰富，压倒了从书本中学习的内容，且又不足以达成强烈的“后摄干扰”。孩子就会因此厌倦学习，整天沉迷于游戏和电视节目。

（4）好奇心降低

看电视时，更多的孩子是被电视强大的视听效果所吸引。虽然他们听到声音，又看到图像，却不会经过大脑处理它。创造力和想象力也是学习能力的一部分。沉迷于电视节目的孩子往往不那么好奇，也缺乏在现实生活中探索的动力。

电视里鲜艳的色彩、变化多端的画面、动听的音乐对孩子有着很深的诱惑。于是孩子开始厌倦书本上单调的画面和无聊的文字。然而，电视传播的信息大多是零碎、跳跃的。婴儿只能从中获得一些散乱和不系统的知识。孩子的创造力和想象力逐渐被电视节目制约，最终会影响孩子的学习探索能力。关于如何对待孩子看电视这件事，以下几种方法可供借鉴：

育儿经

（1）规定时间和内容

当发现孩子喜欢看电视时，父母要对孩子进行正确的引导，控制电视节目的内容、类型和时长，防止孩子过早地接触暴力、黄色等不良信息。这些不良信息会影响孩子的健康成长。而且长时间看电视，容易对孩子的眼球造成损害，可能还会导致近视和散光。

父母可以选择一些有助于孩子大脑、语言和肢体运动的电视节目给孩子看，从而促进孩子的成长与发展。2 岁以下的儿童每天应限制在 15 分钟，2 岁以上的儿童每天看电视的时间不应超过 30 分钟。

（2）父母需要多陪伴孩子

教育心理学家王旭红指出，亲子互动是孩子语言学习的关键环节。孩子需要与成人或同龄人交流。当有人在身边时，孩子会更加兴奋。自然而然地，孩子就会把所有的注意力集中在真实的人身上，认真学习。然而，电视图像是一种单通道的输入语言，可能有助于孩子听力的提高，但不足以使孩子形成自身的语言。看电视过多的孩子会因为缺乏与人交流的机会导致很晚才学会说话。

（3）引导孩子走向户外

引导孩子走向户外，是一个绝佳的手段。不管是戒除网瘾，还是吸引人们热爱生活，都非常管用。户外活动也有利于孩子通过动作和感觉来了解环境。德国学前教育工作者认为，户外活动对孩子们非常有好处，可以锻炼孩子的攀爬、跳跃和跑步等能力。孩子生来就喜欢运动。在运动中，孩子通过接触和感受，会逐渐了解外部环境，认识到事物之间有因果关系，并以不同的方式来理解事物的内在关系。随着活动范围的扩大，孩子们的自信心也可以得到加强。

此外，户外活动也有利于孩子的生长发育。户外活动也有利于增强和改善呼吸器官、心脏等各种组织器官的功能，促进生长发育。室外空气清新，阳光明媚，能让孩子获得充足的氧气和阳光，让孩子不容易缺钙。户外的紫外线还可以提高孩子关节和肌肉的活动能力，的确是比整天闷在家里好得多。所以父母最好多引导孩子走向户外，并抽时间多陪伴孩子。